あなたと子供を病気にする格安商品

メイド・イン・PRC の恐怖

MADE IN PRC

郡司和夫

桜の花出版

前書き

「いったいここは本当に日本なのか?」——そんな思いがますます強くなって仕方ありません。服、靴、寝具、家具、自転車、玩具、文房具、化粧品、食器、食品……身の回りのあらゆる商品に中国製品が氾濫しています。本当にこのままでいいのでしょうか。

「安ければいいじゃないか」と、思っている人も結構多いはずです。農薬まみれの野菜、発がん物質を出す子ども服や玩具、ゴミを詰め込んだぬいぐるみ人形、燃えるスマホケース……中国製品の汚染は底なし沼状態です。「安ければいい」との社会風潮が危ない中国食品・製品を日本国内に、はびこらせてきました。

しかし、日本人もようやく気付いてきました。「安ければいい」と、中国製品を買っても、結局は「安物買いの銭失い」になることを。失うのがお金なら、まだマシです。本当に失うのは、あなたや家族の健康であり、お子さんの明るい未来です。何十年も、生き生きとやりたいことをやり、社会で活躍する夢を諦め、がんや肝臓、腎臓などの病に苦しみ、そして、命さえも失うことになるのです。

人件費の安さにひかれて中国へ進出した日本企業も、ようやく「安ければいい」の怖さに気付き始めています。

中国で日本のコンビニ食品を委託製造（ＯＥＭ）していた小規模な加工食品メーカー（群馬県）の社長は言います。

「中国の工業団地へ進出して15年経ちましたが、撤退することにしました。人件費が高くなってきたこともありますが、それよりもなによりも、環境汚染のひどさです。漬物類を主に製造していましたが、ニンニクなど重金属チェックを徹底的に行なわないと危なくて使えません。その費用が大変なのです。費用は全部、こちらで負担しなければならない。コンビニへの納入価格に上乗せするしかないのですが、価格に転嫁すればコンビニチェーンはＯＥＭをやめると言います。中国の土壌、水質汚染は深刻で、検査費用は今後も増える一方なのは確実です。安い価格を維持するなら、検査コストを含め、衛生管理費を削減していくしかありませんが、そんなことはしたくありません。それで、コンビニのＯＥＭ契約も取りやめて、中国から撤退することにしました。中国で日本並みの品質管理や衛生管理を実施したら、とても今の低価格は設定できません」

中国の環境汚染の深刻さは、中国政府も認めざるを得ないほどです。経済優先の高度成長路線のツケであるのは明白です。公害列島と化し、水俣病、イタイイタイ病、そして森永ヒ素ミルク中毒、カネミ油症被害などが続出した半世紀前の日本と同じです。

ただ、根本的に中国と違うのは、公害に対しての国民の怒りです。日本では全国で反公害闘争が湧き起こりました。有吉佐和子さんの『複合汚染』が大ベストセラーになったのも、そうした国民の怒りがあったからです。その怒りは、公害発生企業の食品、製品は買わないという不買運動になり、ようやく政府も企業も公害対策や、安全で安心な食品・製品づくりに本腰を入れるようになったのです。

この怒りが中国では共産党政権によって、長年、抑えられてきています。それどころか、中国政府は、国民の怒りの矛先を日本に向けるように、小中学校での「反日教育」をやめようとしません。環境汚染の改善には、地域住民、国民の怒りが不可欠です。それがなければ、政府、企業は積極的に動こうとはしません。環境汚染対策は、すぐに儲かる事業ではないからです。政治・経済、あらゆる分野で拝金主義が支配している中国ではなおのことです。中国の深刻な土壌汚染の改善は当分、見込めないといえます。

今、東京都築地市場の移転先である豊洲市場の土壌汚染が大きな問題になっています。なぜ、東京都は、最も汚染されてはいけない生鮮食品を扱う場所に、ヒ素などによる土壌汚染が分かっている東京ガス工場の跡地を選んだのか、いちばんの疑問です。

ただ、豊洲市場の土壌汚染より数百倍、数千倍、重金属の種類によっては数万倍もひどい汚染なのが、中国の土壌汚染、水質汚染です。ＰＭ２・５（微小粒子状物質）に見られる大気汚染も信じられない汚染状況です。そうした劣悪な環境下で作られた食品を、多くの日本人は「安ければいい」という理由だけで、食べているのです。

こうした汚染まみれの食品を国民が買い続けることの本当の怖さは、あなたと家族の命の問題に止まりません。高いからとの理由で、国民が国産の手間のかかった本当に安全な食品を買わなくなれば、日本の農林水産業そのものが衰退し、本当に安全な食品を作る人がいなくなってしまうでしょう。そうなれば、未来の日本人の命を、誰が守ってくれるのでしょうか。

豊洲市場の土壌汚染対策を万全にしても、中国からの汚染食品の輸入が止まるわけではありません。中国の環境汚染がいつ改善に向かうのか分かりませんが、それまでは、出来るだけ中国産食品、中国製品は「食べない、使わない」ことです国産の安全・安心できる食品・製品を利用することが、家族の健康と安全を守ることになるのです。

最後に、本書執筆にあたり、中国の遺伝子組み換え食品の現状など貴重なデータの提供やアドバイスを下さったジャーナリストの内田正幸氏に心より感謝申し上げます。

二〇一六年十月

著者

目次●メイド・イン・PRCの恐怖

第5章　身の回りに氾濫する恐怖の中国製品

――ベッド・家具類・布団・花ゴザ・自転車・医薬品・化粧品・食器類など　151

第6章これでも中国製品・食品を選びますか?――後書きに代えて――　193

第1章　中国産食品の恐怖は終わらない

●中国の猛毒食品から身を守るために

「Made in China」の不安が世界中を襲っています。最近は、中国製だということがバレないようにするためか、「made in PRC（People's Republic of China）」という表示を目にすることも増えました。それから売上が上がったという話も聞きます。

中国による汚染は留まるところを知りません。

環境汚染は止まらず、国土の1割以上が重金属に汚染された「毒土」で、河川の7割、地下水のほぼすべてが汚染されているとさえいわれます。大気汚染も深刻で、北京のＰＭ２・５の濃度はＷＨＯが定める安全限界値の20倍、北京よりひどい都市が多数存在するというのです。２０１５年には中国３６６都市の８割が安全限界値を超えて汚染されているといいます。

大気汚染で毎年１００万人以上が死亡、８億人が呼吸困難に苦しみ、農薬中毒患者は10万人にも上ります。工業地帯の近くなどには、いくつもの〝がん村〟が存在します。そこでは、平均寿命は40歳台、新生児の１割が奇形や何らかの障害を持って生まれてくるといわれます。

農作物や家禽類も、重金属や工業廃水、違法な農薬・殺虫剤などの有毒物質にさらされ、さらには、儲かればあとは知ったことではない、バレなければいいとばかりに、食品の偽造、水増し、賞味期限切れや腐った素材、廃棄物の再利用、添加物や薬品の大量投与など、モラルなき商売が横行しているのです。

これは中国の話だから、自分とは関係ない、と思っていませんか？

中国発のこうした毒食品・毒製品は、格安という魅力をまとって、日本へ大量に輸出されています。その多くを、私たちは中国産だと知らないまま、口にしているのです。

中国の毒食品や毒製品から身を守るためには、自衛するしかないのです。本書を読み、中国製品の恐ろしさを知ってください。何も知らなければ、あなたやあなたの家族は大きな危険に無防備にさらされることになるのです！

1、中国産食品に囲まれる日本人の食

●中国からの輸入が第1位の林産物と水産物、農産物は第2位

中国産野菜や冷凍野菜の残留農薬問題から冷凍調理食品への毒物混入、新しいところでは保存期限の切れた鶏肉問題等々、スキャンダルまみれの中国産食品。輸入量が減ってもおかしくないはずですが、日本の食の安全・安心が脅かされ続けているといっても過言ではありません。というのは、中国からの農林水産物輸入は、中国製冷凍餃子に混入された有機リン系農薬を原因とする中毒事件が起きた２００８年に大きく落ち込んだものの、貿易統計によれば２０１４年には９３００億円とピークの２００６年に迫り、２０１５年は1兆円を突破したからです。

食料自給率わずかに39％の日本は、世界に冠たる食料輸入大国で、多くの食料を諸外国

	1位	2位	3位	4位	5位
農林水産物	米国	中国	タイ	カナダ	豪州
農産物	米国	中国	豪州	タイ	カナダ
林産物	中国	カナダ	マレーシア	インドネシア	米国
水産物	中国	米国	チリ	タイ	ベトナム

表１　農林水産物の主な輸入相手国（2015年金額ベース）
出典：農林水産省「農林水産物輸出入概況 2015年（平成27年）確定値」

に依存しています。２０１５年の農林水産物の主な輸入相手国の第１位は米国で、中国はそれに次いで第2位。以下、タイ、カナダ、豪州と続きますが、農産物、しいたけなどの林産物、水産物の分野別でみると、中国は林産物、水産物で第1位、農産物は米国に次いで第２位でした。この現実は、中国における食品汚染が対岸の火事ではないことをはっきりと示しています。

ここで注目したいのは、米国と中国からの輸入品目の違いです。米国からの輸入額のトップはトウモロコシですが、これは家畜用飼料となります。一方の**中国は、直接、口に入る鶏肉調整品がトップ。鶏肉調整品とは聞き慣れない言葉かもしれませんが、加熱調理された半加工品や焼き鳥、チキンナゲット、から揚げなどの加工品を指しています。安い素材を求める外食・業務用向けとして２０００年あたりから中国産、タイ産を中心に輸入が増えました。**

また近年は、女性の社会進出や高齢化などを背景とした食の中食《なかしょく》化（弁当類、総菜類など家の外で調理され家の中で食べるもの）と外部化が進み、さらに伸びています。**食卓には冷凍食品として、また、コ**

ンビニエンスストアやファストフードなどで利用されているのです。

この事実に「エッ、なぜ」と不思議に思われるかもしれません。２０１４年、中国・上海の食品会社が保存期限の切れた鶏肉を供給していた問題を思い起こせば当然の疑問です。この事件で日本マクドナルドは、国内で使用する「チキンマックナゲット」の約２割をこの会社から輸入していたと発表したことで大打撃を受けたほか、これをきっかけに調整品を含めた中国産鶏肉を敬遠する動きが国内で広まりました。しかし、貿易統計の結果は、中国産鶏肉は調整品として大量に私たちの口に入っていることを示しているのです。参考までに紹介すれば、２０１５年の鶏肉調整品の輸入割合はタイ産が全体の約59％で中国産は40％。中国産鶏肉の期限切れ問題など〝どこ吹く風〟といった様相ではないでしょうか。

直接、口に入る食品は鶏肉調整品だけではありません。**中国からの主な輸入品目を見ると鶏肉調整品に続いて冷凍野菜、生鮮野菜、うなぎ（調整品）が上位にランクアップされています。**

実際、スーパーに並んでいる冷凍野菜や生鮮野菜の産地で目立つのは、国産ではなくて中国産。うなぎ調整品のうなぎのかば焼きについては言うに及ばずで、鹿児島や愛知、静岡の国内産地より中国産が売り場の多くを占めているのが現状です。この現実を前に、日本の食は「大量」の中国産食品に囲まれていることを誰も否定することはできません。

●中国産率が高い食品は落花生、はちみつ、たけのこ…、もやしの原料まで中国産

「大量」ついでに、もう一つ紹介しなければならないデータがあります。それは、食品の国内総流通量に占める中国産の割合をはじき出したものです。それによると、２０１５年に中国産率が高い食品は、高い順に、落花生、天然はちみつ、たけのこ調整品、そら豆、はまぐり、ふぐ、そばで、これらの中国産率は実に50％を超えています。続いて40％台にランクされているのが、にんにく、うなぎ調整品、わらび、しいたけ――です。

どうでしょうか。ふぐを除けば身近な、そして日常的に食卓に上がる食品ばかり。そして、ここで改めて強調しなければならないのは、これらの食品はどれもが直接、口に入る食品だということです。実際、スーパーに並ぶ食品の原産国表示を見ると中国産が

溢れ返っています。たとえばおつまみやおやつとして人気がある柿の種。PB（プライベートブランド）商品を含め、落花生の入ったタイプの落花生の原料は、ほぼ例外なく中国産。国産の落花生を使った柿の種を探すのは至難の業と言えるでしょう。落花生はこのほか、ピーナッツバターなどの加工品に姿を変えて流通しています。はちみつは、加工食品や菓子類の原材料に用いられています。たけのこ水煮も売り場の過半を占めているのは国産の半値近い中国産ばかり。シナチクも原料はほぼ中国産だと言われています。しいたけやにんにくの事情もこれらと大差ありません。

中国が表に出ない農産物もあります。もやしです。生産の全量は国産ですが、原料となる緑豆はすべて輸入に頼っていて、その約85％を中国が占めています。「家計に優しいもやしの原料まで中国産だったとは」と嘆かれる向きも多いかもしれません。しかし、これも現実です。

水産物では、中国産率が50％以上なのは、はまぐり、高級食材のふぐ。ファストフード業界で、「価格的に国産は無理なので中国産」と言われるうなぎは40％以上でした。紹介したデータには出てきませんが、この他、**わかめやあさりも中国からの輸入が多くを占めています。変わったところでは、飲み屋で安く提供されるアンコウのキモ。これもすべて中国産と言っても差し支えありません。**

いかがでしょう。食卓だけではなく、ファストフードからコンビニ、そして飲み屋まで、私たちの身近な食は中国に搦《から》めとられてしまっていると言えないでしょうか。だからこそ、その安全性に神経をとがらさざるを得ないのです。

2、輸入食品における違反のトップは中国産

●農薬汚染の中国産ライチが私たちの口に

モニタリング検査は、違反の可能性が低い食品について検査をするものです。にもかかわらず、検査の結果、中国産ライチと米国産トウモロコシが食品衛生法違反（残量農薬違反）で摘発されました。さらに問題なのは、モニタリング検査は検査結果を待たずに輸入することが可能なため、「結果がわかったときは胃袋の中」となってしまう恐れが高いことです。

２０１６年６月７日、厚生労働省は輸入食品安全対策室長名で全国の検疫所長に向けて

次のような文書を発しました。

「平成28年度輸入食品等モニタリング計画」の実施について

中国産レイシ（ライチ）の4－クロルフェノキシ酢酸、米国産とうもろこしのピリミホスメチル、フィリピン産マンゴーのアゾキシストロビン及びコロンビア産生鮮コーヒー豆のクロルピリホスについては、平成28年3月31日付け生食輸発０３３１第３号（最終改正：平成28年6月7日付け生食輸発０６０７第2号）に基づき実施しているところです。今般、輸入時のモニタリング検査の結果、中国産生鮮レイシ（ライチ）及び米国産とうもろこし調整品において食品衛生法違反の事例があったことから、下記の食品及び項目について食品衛生法違反の可能性を判断する目的で、モニタリング検査の頻度を30％に引き上げて対応すること……　（以下略）

輸入食品の水際における安全性チェックを輸入検疫と言います。その実務に当たるのは全国に27カ所（出張所を除く）ある検疫所で、食品衛生監視員が審査を行ないます。もっとも、その多くは書類審査のみ。ただし、違反の可能性に応じてモニタリング検査と検査命令を実施しています。

モニタリング検査は違反の可能性が低い食品について検査をするものです。であるにもかかわらず、中国産ライチと米国産トウモロコシが食品衛生法違反（残量農薬違反）で摘発されたのです。それだけでも大きな問題ですが、慄然とさせられるのは、農薬に汚染された中国産ライチを私たちは直接、口にしていた可能性が高いことです。というのは、モニタリング検査は検査結果を待たずに輸入することが可能なため、「結果がわかったときは胃袋の中」となってしまう恐れが高いのです。

それを証明するショッキングな実態が、2016年4月22日の衆議院TPP特別委員会で明らかにされました。

厚労省が提出した資料によれば、2014年度のモニタリング検査で食品衛生法違反となった食品のうち、販売・消費されていたのは、生鮮トマト、生鮮キャベツ、生鮮ニンジン、生鮮青唐辛子など8品目。農薬汚染だけではなく、基準値の11倍もの腸炎ビブリオ菌を検出した冷凍むき身赤貝や、基準値の約2倍の放射性セシウムを検出した生鮮キノコ類も含まれています。すべてが中国産ではありませんが、これらを私たちはまったく気づかずに胃袋の中に収めてしまったわけです。

中国産についていえば、**モニタリング検査で食品衛生法違反（遺伝子組み換え米が原料・第3章で詳報）とされた中国産乾燥ビーフン約1トンが流通、消費されてしまっていたこ**とも発覚しています。「行政による検査はかくも杜撰《ずさん》」とのそしりを免れません。

●違反件数トップをひた走る中国産食品

もう一つの検査命令は、モニタリング検査より厳しい検査と言えるでしょう。

違反の可能性が高いと見込まれる食品について、輸入者に強制的に検査を命じる制度で、検査結果がわかるまで輸入することができません。ところが、その検査率は輸入届出件数の10%以下。しかも全量検査ではなく、たとえば、うなぎのかば焼きが1200箱輸入された場合、開梱するのはそのうちの5箱。しかもその5箱から200gずつを取り出して1kgにして検査するだけです。それに問題がなければ〝残りも問題なし〟、と判断されてしまうのです。「それで輸入食品の安全性は完全に守れるの?」と、疑問を投げかけたくなりませんか。

さらに不安を掻き立てられるのは、中国産食品は輸入検疫で違反件数のトップを独走し続けていることです。

表2は2014年度における違反件数の国別データですが、中国のそれは米国の3倍

	届出件数（件）	検査件数（件）（A）	違反件数（件）（B）	違反割合（%）（B / A）
中国	703,053	75,116	202	0.27
アメリカ	230,533	18,605	74	0.40
タイ	148,706	12,736	74	0.58
ベトナム	53,599	13,203	57	0.43
イタリア	108,125	8,715	46	0.53
輸入食品全体	2,216,012	195,390	877	0.45

表２　2014 年度輸入食品等の食品衛生法違反件数上位５カ国
出典：厚生労働省「平成 26 年度輸入食品監視統計」

弱。過去のデータも同じ傾向を示しています。このデータについて、「全体から見れば中国の違反率は米国やタイより低い」と指摘されます。確かに中国の違反率は０・27％なので、表中の上位5カ国中で違反率は最下位にとどまっています。

厚生労働省の担当者も食品の安全性を審議する食品安全委員会の場で「全輸出国の違反率より中国は下回っていて平均的」などと中国を擁護するかのような発言をしています。しかし、問題は輸入件数などの量と質。１００ｇの１％と１００kgの１%では、文字通りその重さが違うのです。

簡単に言えば、輸入件数や検査件数が増えればそれだけ違反も増えるので「中国産の食品は危ない」と言っても「危ない」確率は米国やタイより低くなります。しかし、中国産は絶対数が多いため、「危ない食品」が入り込む件数は高くなるのです。質については後述の「4、中国産食品から抗菌剤、アフラトキシン、大腸菌群などを検出…」で紹介しますが、違反率が米国やタイより低いからといって、危険性を過小評価する理由はどこにもありません。

もっとも、違反件数は水際で輸入にストップがかかったことを意味します。これらの食品は廃棄処分か輸出国へ積み戻しされるので、私たちの口に入ることはありません。しかし、中国産食品の汚染実態を知るうえで貴重なデータと言えるでしょう。また、前述した、食品衛生法に違反した1万トンもの中国産乾燥ビーフンが流通していたようなケースや、検査の実態を知れば知るほど、私たちは常に中国産汚染食品の危険にさらされていることが理解できるはずです。

3、中国の農薬使用量は世界一

●基準値の数倍～10倍以上の残留農薬で摘発

厚生労働省は、畜産食品とその加工品（牛、豚、鶏）、水産食品とその加工品（魚類、甲殻類（えび、かに）等）、農産食品とその加工品（野菜、果実、穀類、豆類及び種実類及び茶）について、残留農薬及び動物用医薬品の検査を実施しています。対象国は中国だけではなく全輸出国。その過去3年間の結果が表3です。残留農薬の違反件数で中国は突出していることが一目瞭然です。農産食品とその加工品だけではなく、水産食品と加工品にも残留農薬違反が発覚する始末です。農産加工品では２０１３年度には全体の約50％強、２０１４年度も全体の約30％を中国産が占めています。

中国産食品が残留農薬で違反したケースをいくつか紹介しましょう。

2013年1月、中国産ウーロン茶（茶葉）から残留農薬基準値を2・5〜4・5倍超える殺虫剤の検出が相次ぎました。このとき、厚生労働省は「体重60kgの人が問題の殺虫剤が残留したウーロン茶を1・3kg摂取し続けたとしても、健康に及ぼす影響はありません」とする見解を発表しました。残留基準値を超えた殺虫剤の名称はフィプロニル。日本でも農産物以外にゴキブリや犬のノミの駆除剤に使われている成分ですが、食品安全委員会の農薬評価書（2013年）には、「各種毒性試験結果から、フィプロニル投与による影響は、主に中枢神経系（痙攣等）、肝臓（重量増加等）及び甲状腺（重量増加等：ラット）に認められた」と記されています。「健康に影響を及ぼさない」と言われても摂りたくない農薬です。

また、**2013年11月と翌2014年の3月には中国産の冷凍ニラから、残留基準値を2〜5倍超える殺菌剤が検出**されています。その名称はメタラキシルで、食品安全委員会の農薬評価書（2009年）には、「試験結果から、メタラキシル及びメタラキシルM投与による影響は主に肝臓（重量増加等）に認められた」とあります。ちなみに、残留農薬基準値は成人を想定して決められています。化学物質に感受性の高い乳幼児には、摂らせたくない農薬に違いありません。

直近では**2016年4月、不思議なことに、中国産の活あさりから残量農薬基準を超え**

年度	品目分類	残留農薬				残留動物用医薬品			
		中国		その他		中国		その他	
		検査数	違反数	検査数	違反数	検査数	違反数	検査数	違反数
24	畜産食品と加工品	25,974	0	72,155	0	20,594	0	26,974	2
	水産食品と加工品	8,471	12	81,215	3	22,728	9	58,623	104
	農産食品と加工品	720,113	34	1,237,242	142	1,400	0	1,962	0
	その他食品	19,888	0	50,481	2	2,714	0	304	3
25	畜産食品と加工品	23,590	0	80,882	0	2,054	0	32,269	2
	水産食品と加工品	66,805	5	79,926	4	23,507	5	68,184	49
	農産食品と加工品	493,120	45	776,158	86	1,328	0	2,521	1
	その他食品	14,860	0	37,869	0	574	0	276	0
26	畜産食品と加工品	42,075	0	87,719	0	1,753	0	20,344	1
	水産食品と加工品	104,215	8	102,842	5	20,683	5	54,166	36
	農産食品と加工品	363,746	41	650,111	144	1,699	0	4,050	0
	その他食品	32,639	0	78,961	0	701	0	271	1

表３　平成24年度から26年度の検査実績（検査品目、検査件数、違反件数）
出典：厚生労働省「輸入食品監視統計」

た除草剤のプロメトリンが検出されました。プロメトリンは貝類への蓄積が懸念されている除草剤で、食品安全委員会の農薬評価書（２０１５年）に「各種毒性試験の結果、プロメトリン投与による影響は、主に体重（増加抑制）、血液（貧血）、腎臓（重量増加等）及び肝臓（重量増加等）に認められた」と記されています。

　プロメトリンの残留農薬違反はこれまでにも発覚しています。２０１２年には、残留基準値を18倍も超えた中国産のあさり水煮缶が輸入検疫で見つかりましたが、すでに国内で流通していたため、国内の水産メーカーが回収と返金の社告を出す騒動にまで発展しました。繰り返しになりますが、この例でもわかるように、中国産汚染食品は輸入検疫の網の目をかいくぐって国内に流通しているのです。

なぜ、中国産食品で残留農薬違反が頻発するのでしょうか。それは、**中国は2000年あたりから農薬使用量（単位面積当たり使用量）が上昇し始め、国連食糧農業機関（FAO）のデータによれば2004年からはさらに加速、2007年には日本や韓国を抜いて世界一の水準になった**からです。

同データによれば、農薬使用量の推移については主要国で横ばいか減少傾向をたどっています。かつて日本、オランダ、イタリアでは農薬使用量の水準は高かったものの、近年は減少傾向にある点が目立っています。また、米国、ドイツ、フランスも単位面積当たりの農薬使用量はそれほど多くありません。農薬規制の厳格化や有機農業の普及、また環境意識の高まりといったことが背景にあると言われています。一方、中国の使用量の伸びが著しいのは、経済発展とともに農業の集約化が一層進み、農薬使用量も高くならざるを得ないから、と指摘されています。そのあおりを食料輸入大国の日本が受けているといっても過言ではありません。

4、中国産食品から抗菌剤、アフラトキシン、大腸菌群などを検出…

●抗菌剤から糞便性大腸菌群まで

残留農薬違反以外のケースにも触れなければなりません。前記の表3では「水産物と加工品」で残留動物用医薬品の違反が目立つからです。

残留動物用医薬品とは抗生物質を含めた抗菌剤全般を指します。かつては、中国産のうなぎのかば焼きから、発がん性が指摘されている合成抗菌剤・マラカイトグリーンが検出され日本で社会問題化しました。

日本は食品衛生法で「食品は別に基準があるものを除き、抗生物質や合成抗菌剤を含有してはならない」と定めているため、マラカイトグリーンとその主な代謝物（化学合成や化学反応によって生み出される化学物質）であるロイコマラカイトグリーンが検出された食品は流通、販売等をすることができないからです。

厚生労働省の「輸入時における食品違反事例」で確認できる直近のケースは2014年12月。養殖の活スッポンから抗生物質・エンロフロキサシンが残留基準値を超えたため、廃棄処分を命ぜられました。この物質は動物用医薬品として広く使われています。しかし、EU（欧州連合）では安全性を考慮して養殖水産動物への使用は認めていません。

抗菌剤の残留以外にも、水産物では**大腸菌群が陽性だった冷凍あなごや、細菌数が基準を超えたボイルベビーほたてとボイル蛤など、生産現場が不衛生極まりない実態であることが容易に察せられるケースも**見つかっています。いずれも2016年5月の「輸入時における食品違反事例」（厚生労働省発表）に載っているものですが、この月に食品衛生法違反に問われた46件のうち、11件と最も多くを占めたのが中国産でした。具体的には、発がん性がある史上最悪のカビ毒と言われるアフラトキシンを検出した落花生とピーナッツ製品、残留農薬に違反した生鮮さといも、糞便性大腸菌群を検出した海鮮串カツ青のり等々…。

さかのぼって2015年をアトランダムに見ると、**冷凍食品の「鶏肉の角切りと唐辛子炒め」と「鶏肉とピーマンのオイスター炒め」から、細菌が1g当たり、それぞれ**

1300万個と240万個も検出。紅コチ、唐揚げ、冷凍ボイルタコ、アジフライなども同じ理由で廃棄、積み戻しを命じられています。また、漬物の「刻みタクアン」や「福神漬」からは残留基準値を超えた量の人工甘味料スクラロースを検出等々…。

違反の幅広さと同時に、輸入される中国産食品は多岐にわたり、そして日本人の食の奥深くまで浸透していることに驚かされるばかりです。

●中国産食品添加物も違反―ペットボトルのお茶には注意

「輸入時における食品違反事例」を細かく見ていくと、食品添加物の名称も載っています。近いところでは2016年2月、アルギン酸ナトリウムが成分規格不適合として食用の使用を禁止されました。アルギン酸ナトリウムは食品添加物として増粘多糖類およびゲル化剤として使われていますが、食品添加物までも中国産が輸入されている実態に驚きを感じる向きも多いかもしれません。しかし、これも現実です。

中国産で輸入量が目立って増えている食品添加物は、人工甘味料とL－アスコルビン酸

（ビタミンC）です。甘さが砂糖の200倍のアセスルファムカリウムは、開発国のドイツが輸入シェアでトップを占めていますが、2013年には中国産が30％を超えています。また、砂糖の600倍の甘さがあるスクラロースは2013年に中国から全量を輸入するようになりました。

また、現在、**国内で使用されている90％以上のL－アスコルビン酸は、価格が国産の半値以下の中国産となりました。L－アスコルビン酸はペットボトル茶のほとんどに添加されています。**緑茶飲料メーカーのホームページは、その目的を「茶葉に含まれているビタミンCが加工や抽出の段階で失われてしまうので、それを補うため」と説明しています。

L－アスコルビン酸は、食肉製品では肉1キログラムに0・5g添加で変色防止効果、緑茶、ジュース類では0・02～0・04％添加で褐変防止、風味保持効果が出るとされています。多くの消費者は「ビタミンCだから毒性はない」と思っているかもしれません。しかし、世界保健機関（WHO）ではL－アスコルビン酸のADI（1日摂取許容量）を体重1キログラム当たり0・25gと定めています。つまり、無制限に摂っていいものではないのです。

金沢工業大学研究グループの調査によると、市販されている主な緑茶飲料500ml当たりのビタミンC含有量は平均で100mg。**厚生労働省が定めているビタミンCの摂取推奨**

量は1日100㎎なので、ペットボトル緑茶1本飲めばこの量に到達してしまいます。

注目しなければならないのは、このビタミンCが合成だということです。合成ビタミンCと自然の食品に含まれるビタミンCはまったく異質のものであるという点です。たとえば、**がん細胞をつくる原因になる活性酸素を、ミカンなどに含まれる天然のビタミンCはほとんど発生させません。天然のビタミンCには活性酸素の発生を抑える酵素が含まれているからです。しかし一方の合成ビタミンCは多量に発生させます。**化学式は同じでも、安全性まで同じとは言えないのです。実際、合成ビタミンCを成人に1日3gずつ3カ月間用いても異常はみられませんでしたが、6gに増やすと、悪心、嘔吐、下痢、顔面紅潮、頭痛、不眠などの症状が現れたとの報告があります。

さらに不安なことは、数年前からL－アスコルビン酸も含めて中国産の添加物は「質が悪すぎる」という声が添加物業界から上がっていることです。中国国内の報道によると、粗悪な添加物が原因で死者まで出ているといいます。輸入検疫があるとはいえ、汚染食品（添加物）を水際で食い止めるには限界があることはこれまで紹介した通りです。残念ながら、消費者は自ら身を守るしかありません。**ペットボトル茶を飲むときは、ビタミンCを添加していない商品か、できるだけ含有量の少ないものを選ぶことが賢明な選択と言えるでしょう。**

●他国を圧倒する「検査命令」の数

ところで、厚生労働省が各検疫所長に発する文書を見ると、同省が中国産食品の安全性に神経を尖らせていることが窺えます。その一つが「検査命令の実施」に関する通知です。検査命令は最も厳しい検査であることは先に記した通り。モニタリング検査の結果、食品衛生法違反の可能性が高いと判断される食品については輸入の都度、全ロット検査を行なうよう輸入業者に命じるもので、検査結果が出るまで輸入貨物は留め置かれます。

直近の2016年度における「検査命令の実施」は、2016年3月31日付で通知されました。その内容は「対象国」と「対象食品」、それに検査対象となる物質を指定した「検査項目」など。わかりやすく実例を示すと表4のようになります。

ここには試験品採取の方法と検査の方法、検査を受けることを命ずる具体的理由が示されています。

対象国	対象食品等	条 件	検査の項目	※以下略
中国	生食用ウニ	略	腸炎ビブリオ	

表４　検査命令の実施（対象国と対象食品）
出典：厚生労働省「生食輸発 0331 第１号」2016 年３月 31 日より抜粋

驚かされるのは、32カ国に及ぶ対象国のうち、対象食品が1品目か一桁台が30カ国に対して、中国のそれは13品目＋２食品と他国を圧倒していることです。

具体的には、水産物は、養殖うなぎとその加工品、生食用ウニ、すっぽんとその加工品、二枚貝とその加工品、あさりとその加工品。農産物はウーロン茶とその加工品、えだまめとその加工品、ぜんまいとその加工品、たまねぎとその加工品、ハスの種子とその加工品、ほうれん草とその加工品、ライチとその加工品。さらに、「別途指示する製造者で製造された」との但し書きがあるほぼすべての食品について、発がん性や遺伝毒性が指摘されているサイクラミン酸ナトリウム（チクロ・日本では使用禁止）と、放射線照射の検査を実施することが盛り込まれています。

放射線照射については第3章で詳しく触れますが、この二つが対象となる食品を一つずつカウントすると、中国の対象品食品数が膨大になることは間違いないでしょう。

5、中国産食品汚染問題はしいたけから始まった

●乾燥しいたけから散弾銃の弾、漂白剤と重金属が残留した生しいたけ（1990年代）

中国産食品の安全性がクローズアップされたのは、冷凍ほうれん草などの残留農薬基準違反が相次いだ2001年でした。ところがそれ以前から、乾しいたけや生しいたけ関係者の間では、「中国産は大丈夫か?」との声が上がっていました。乾しいたけの輸入は1985年、生しいたけは1995年からですが、問題が持ち上がったのはまず、乾しいたけでした。

中国産の乾しいたけを輸入する業者は金属探知機が不可欠の時代があったのです。その理由は「釘や散弾銃の弾などが入っていたから」というもの。〝日中戦争の怨念〟などという風説までありましたが、実際は重量を増やすためでした。

２０００年前後には、こんな良からぬ噂が業界内を駆け巡りました。「中国産の乾しいたけは腐らない、何か薬品を使っているのではないか」。この疑惑を解明しようとしたのが、乾しいたけの主産地・大分県のきのこ研究指導センター（現・大分県農林水産研究指導センター林業研究部きのこグループ）でした。中国産と国産の乾しいたけを水に戻して調べたところ、「国産は数日でカビが生えてドロッとしてしまいましたが、中国産にはそういう変化は見られない」という結果を得ました。また、中国産には異様な刺激臭があったことも確認できましたが、最終的に原因物質を特定するには至りませんでした。

ただこのころ、輸入検疫で、漂白剤の二酸化硫黄《いおう》が過量残存していたことが明らかになっています。その量は半端ではありません。基準値の１４０倍にも及んでいたのです。しかも同時期、中国産の乾燥えのきたけ、乾燥キクラゲ、乾燥きぬかさたけ、乾燥たけのこなどが同じ理由で中国へ積み戻しされているのです。

生しいたけも負けてはいません。この時期、高崎健康福祉大学の江口文陽助教授（当時）が、**中国産5種と国産5種の残留化学物質を分析したところ、国産からはほとんど検出されない重金属が中国産の多くに残留していることを突き止めたのです。その重金属はカドミウムにヒ素、水銀、鉛。残留の原因は土壌汚染によるものと推定されています。**しかし、この結果は研究者による分析だったため、中国産しいたけの重金属汚染問題は大きく取り上げられるには至りませんでした。

ちなみに**２０１５年４月から２０１６年７月までの中国産しいたけの違反事例を見ると、生しいたけから糞便性大腸菌が検出（２０１５年５月）されたのみ。二酸化硫黄の過量残存は改善されたようです**が、ほかの食品では相変わらずです。塩蔵れんこん、乾燥麺・はるさめ、塩漬け柏葉、青朴葉《ほおば》が基準を大幅に超えて残存していたため、廃棄、あるいは積み戻し措置を受けました。相も変わらず、と言うべきでしょう。

●中国産野菜をすべて検査せよ！（２００１〜２００２年）

輸入量が増加していた中国産野菜に異常事態が起きたのは、２００1年末から２００２年にかけてでした。中国産野菜に残留農薬基準違反が相次いだこと。また中国国内で10万人にも及ぶ農薬中毒患者が出ていることなどが報じられたからです。

このため、厚生労働省は２００２年1月を「中国産野菜検査強化月間」として、中国産のすべての生鮮野菜について全ロットの検査命令を実施。また、冷凍野菜についてもこの年の３月からモニタリング検査を始めました。その成果ともいうべきでしょうか。残量農薬基準違反が続出する事態となったのです。これらのなかには、毒性が極めて高いとして日本では使用禁止になっている農薬まで検出されたのです。このため厚生労働省は、違反が目立った冷凍ほうれん草について輸入業者に輸入自粛を指導するまでに発展。その後、対策が整ったとして一旦は解除したものの、違反は解消されなかったため、二度目の自粛指導が行なわれました。こうした事態が広く知られることになり、日本では中国産野菜離れが進みました。

２００８年には、大手スーパーで販売された冷凍いんげんから、基準値の３万４５００倍もの農薬が検出され、これを食べた主婦が入院する事態が起きています。ただ、これ以外に被害報告はないことや残留数値が異常なことなどから、前年に起きた冷凍ギョーザ事件のように、意図的に原液が混入されたとの見方が示されています。

中国産野菜の残留農薬問題は、一時ほど大きく取り上げられることはありません。ただ、「3、中国の農薬使用量は世界一」で示した表３「平成24年度から26年度の検査実績」を見てもわかる通り、他国との比較で高いことは事実です。最近では２０１５年5月に、生鮮まつたけから殺虫剤のクロルピリホスが残留基準値を越えて検出されています。また、厚生労働省はほうれん草とその加工品やたまねぎとその加工品などの残留農薬について、2016年度に検査命令の対象農産物に掲げています。最近も違反事例が相次いでいることの証明に他なりません。

●養殖うなぎから発がん性が指摘されている抗菌剤（2005年）

2005年に中国産食品への不安をさらに掻き立てたのは、日本では使用が禁止されている合成抗菌剤・マラカイトグリーンが相次いで検出されたことでした。

マラカイトグリーンはその名が示すように青緑色の有機色素で、魚類の殺菌剤、駆虫薬として知られ、観賞魚の白点病、尾腐れ病の治療薬（合成抗菌剤）として用いられています。ただし、1970年代半ばから発がん性が指摘されるようになり、各国で食品関連への使用が禁止されています。

マラカイトグリーンは、1970年代半ばから発がん性が指摘されるようになり、

1981年には米国で、2002年にはEU加盟国でも食品関連への使用が禁止されました。

日本でも薬事法（現「薬機法」：「医薬品、医療機器等の品質、有効性及び安全性の確保等に関する法律」）に基づいて養殖水産物への使用が禁止され、食品安全委員会は２００７年11月、「発がん性のメカニズムを明らかにすることはできず、ヒトにおける発がんリスクは明確ではありませんでしたが、げっ歯類を用いた発がん性試験の結果から発がん性が示唆され、遺伝毒性も否定できなかった」との見解を発表しています。

また、諸外国でも同様の汚染騒ぎがあったことから、厚生労働省は国内在庫のチェックを都道府県に指示、あわせて、中国産養殖うなぎ及びその加工品の全輸入届出について検査命令を実施しました。

ここで驚かされるのは、中国の国内法に違反して養殖業者がマラカイトグリーンを使っていたことです。

というのは、中国は２００２年5月に「食用動物への使用を禁ずる動物用医薬品及びその化合物リスト」へマラカイトグリーンを組み入れ、すべての食用動物への使用を禁じているからです。無法状態と言わざるを得ないでしょう。

コラム① トマト生産世界1位の中国

買い物で生鮮食品の原産国を意識する人でも、加工食品となると原料原産地に関心が向きません。「大手メーカーが国内で製造しているから大丈夫」程度の認識ではないでしょうか。ただ、中国産が多くの加工食品に使われていることは、食品業界で常識となっていることを肝に銘じなければなりません。特に、自給力＝生産量が減少している野菜、なかでもトマトを主原料にするトマトケチャップや野菜ジュース類ではその傾向が顕著です。

しかし、その実際を表示から知ることはできません。たとえばトマトケチャップ。現行の表示は、概ね次のようになっています。

【トマト、糖類（ぶどう糖果糖液糖、砂糖）、醸造酢、食塩、たまねぎ】

表示から、主原料であるトマトもたまねぎも、原産国がどこなのかを知ることはできません。調味料を含めた加工食品の原料原産国については、表示対象食品が一部にしか義務付けられていないからです。このため、「加工食品の表示制度は、消費者の知る権利をないがしろにしている」と批判され続けています。

それはともかく、実は中国がトマトの生産量で世界1位だということもあまり知られていません。国際連合食糧農業機関（ＦＡＯ）によると、２０１３年における中国のトマト生産量は世界第1位で５０５０万トンでした。第2位はインドの１８２０万トン、第3位は米国の１２５０万トン。中国は2位、３位を大きく引き離し、全世界で生産されるトマトの約30％を占めていたのです。この傾向は今も変わりません。ただ、生産のメインは生鮮ではなく加工用トマトです。

中国産トマトペーストで割れたメーカーの対応

中国で生産されるトマト加工品は、トマトペースト、トマトジュース、トマトソースなど。その多くを占めているのは、トマトトジュースやケチャップに使われるトマトペーストで、ほとんどが輸出されています。

日本の加工用トマトの栽培面積と生産量は減少の一途を辿っています。このため、トマトジュースやトマトケチャップなどの原料となるトマト加工品は、輸入に頼らざるを得ません。主な輸出国はイタリア、米国、中国などです。

しかし、度重なる中国産食品スキャンダルでメーカーの対応は分かれました。中国産冷凍ホウレンソウが、次々と残留農薬違反に問われた２００７年、ある大手食品メーカーは中国産トマトペーストの使用中止を決めました。中国産原料に対する消費者からの問い合わせが多かったため、２００８年から他国産に切り替えたのです。

一方、中国産を継続している大手食品メーカーもあります。ただし、というか、やはりというべきか、安全性を担保するトレーサビリティは万全です。日本人社員を現地に派遣し、日本側の品質管理基準に基づく栽培確認やトマトペーストの残留農薬検査などを全ロットで実施。それに合格した輸入品も国内でさらに残留農薬検査にかけ、合格したものだけを原料にしています。

両社とも、中国産食品問題では消費者からの問い合わせが数千件殺到したと言います。消費者の中国食品への不安・不信がそれだけ根強いということです。

第2章　中国国内の食品事件とその背景

1、カドミウム汚染米

●中国国内流通の60％以上がカドミウムに汚染された「毒米」

環境破壊や公害が問題となっている中国で、発がん性のある重金属・カドミウムによる汚染が深刻化しています。

２０１１年には現地紙が、「広東省でカドミウム汚染米が流通していた」とする専門家の調査結果を伝え、波紋を広げました。あわせて、カドミウムなどの重金属で汚染された農地の面積が中国全土ですでに２０００万ヘクタールに達し、中国の全農地の6分の1を占めていると伝えました。カドミウム汚染米は広東省だけではなく、湖西省や江西省からも出荷され、流通ルートに乗っていたことをこれも現地紙が報道し、中国では「毒米問題」として不安が広がりました。

カドミウム汚染米の原因は、土壌が重金属に汚染されていることです。国際環境保護団体のグリーンピースは２０１３年、湖南省衡陽市で農作物、土壌の重金属汚染が深刻化している実態を報告しました。それによると、**米に関しては、サンプル13件のうち12件でカドミウムが安全基準値を超えていました。なかでも炉舗村で生産された3件については、国が定めた安全基準値を13～21倍上回っていました。炉舗村は工業団地の風下５００メートル以内に位置しており、報告書は「工場が発する煤煙が降下し、農地の土壌を汚染した可能性が高い」と指摘しています。土壌サンプルでは、32件すべてで基準値を超えるカドミウムが検出され、サンプルの半数が安全基準を3倍以上超えていました。**

中国におけるカドミウム汚染米の存在はしかし、近年に明らかになったわけではありません。２００２年には、中国政府農業部の抜き取り検査で、中国米に重金属が含まれることが明らかになっています。安全基準値の超過率は鉛が28・４％、カドミウムが10・３％でした。また２００７年、**南京農業大学農業資源環境研究所は、中国の6地区（華東、東北、華中、西南、華南、華北）の米を無作為に分析し、10％の米に安全基準値を超えたカドミウムが含まれていることを報告していました。さらに、同大学の再調査でも江西省、湖南省、広東省などの米の60％以上に安全基準値を超えるカドミウムが含まれていたことがわ**

かっていました。

ただ、こうした情報が衆知されることはありませんでした。また、中国では汚染された土地における栽培規定がほとんどないため、重度の汚染地域でも米作りが行なわれ、それが流通し続けてきました。その結果が、カドミウム汚染米の蔓延だったのです。

●中国でも「イタイイタイ病」

中国でカドミウム汚染米が「毒米」として社会問題化したのは、多くの調査報告とともに、これを食べた広西チワン族自治区のある村で、日本の「イタイイタイ病」と似た骨軟化症や腎機能の低下、筋力低下、そして骨の激痛に苦しむ人が多くいること。また、湖南省のある村で、カドミウムに汚染された井戸水を飲んだ住民約500人がカドミウム中毒と診断され、2人が死亡する事件（2009年）などがあり、後に報道されたからです。

カドミウムは、体内に蓄積していく性質があります。少量でも毎日摂取していると、やがて骨や関節がもろくなり肺気腫、腎障害などを引き起こします。日本で４大公害病の一つに数えられる「イタイイタイ病」は、このカドミウムが原因でした。

「イタイイタイ病」は、神通川下流域の富山県婦中町で、１９６０年から１９７０年にかけて多発した公害病です。患者が骨の痛みに耐えかねて「痛い、痛い」と泣き叫んだことから名づけられました。原因は、神通川上流の岐阜県飛騨市にある三井金属鉱業神岡鉱山亜鉛精錬所から排出されたカドミウムでした。これが下流の富山県婦中町周辺の土壌を汚染したため、米や野菜などを通して人体に取り込まれたのです。

これと同じような事態が中国で起きていたわけですが、中国産米に含まれる汚染物質は、カドミウムに限りません。中国科学院地理科学・資源研究所が２００８年に行なった調査研究によれば、湖南省湘西にある鉛・亜鉛の鉱山地区から産出する米は、鉛やヒ素による汚染が深刻でした。

また、**浙江大学が２００９年に行なった調査で、浙江省台州にある9地区の水田のうち、7地区の土壌がカドミウムの他に銅、亜鉛等による複合汚染にさらされていることが明らかになりました。**

●日本へ押し寄せる中国汚染米 ─弁当やおにぎり、せんべいなどの加工品に

中国で大問題になったカドミウム汚染米は、輸入食品の10％を中国産に頼る日本にとっても他人事ではありません。2015年に、香港メディアが「中国大陸の土壌は深刻な汚染にさらされ、土壌に含まれるカドミウムの濃度は増加の一途をたどっている」と報道し、汚染された土壌で栽培した米は、カドミウム含有量が基準値を超え、人々の健康を著しく損なっていると伝えたからです。

日本は中国から毎年、ミニマムアクセス米を輸入しています。これは国家間の取り決めによるもので、毎年、一定量を輸入することが決まっています。中国からは多い年で約10万トン、平均すれば約5万トン。これらは飼料用として、また、せんべいなどの加工品に姿を変えますが、主食としても用いられています。

日本人のコメ消費は1960年代中ごろをピークに減少傾向を続け、いまや一人当たり

年間60kgを割っていますが、単身世帯や共働き世帯などが増えるとともに、家庭で米を炊いて食べるより外食や持ち帰り弁当や総菜などの「中食《なかしょく》」として食べる量は増えています。**中国産をはじめとする輸入米を利用するのは、こうした外食や中食業界です。ところが、家庭用の精米には産地表示が義務付けられている一方、この業界には義務づけられていません。中身が国産か中国産かを確かめようがなく、カドミウム汚染米がこの流通ルートに乗っている可能性は捨てきれないのです。**

中国のカドミウムの安全基準値は１kg当たり０・２mgです。一方、日本は０・４mg。検疫で、仮に０・３９mgを検出してもスルーしてしまいますが、カドミウム汚染米の残留レベルは、中国の安全基準値の10数倍～20数倍が検出されることもしばしば。「中国の安全基準は日本より厳しいから大丈夫」と安閑としてはいられません。さらに言えば、汚染食品の防波堤となるべき検疫の対象は全輸入量のわずか10%程度。残りの90%は検査をスルーして国内に入ってきているのが現状です。

不安を掻き立てるのは、中国産が国産米として産地偽装される事件が起きていることです。２０１３年には三重県の米の販売元・三瀧商事が「愛知県産」と表示して売った弁当やおにぎりに、多量の中国産米が混入していたことが発覚しました。９カ月間に納入した８２５トンのうち、約４割が中国産だったというのです。ちなみに、大手スーパーが販売した中国産米が混入した商品は弁当112種類とおにぎり35種類。この他のスーパーを含めると販売された地域は北陸、中部、東海、関西、中国、四国地方の2府21県にも及びました。安価な中国産米を使った産地偽装が後を絶たない日本では、今後も同様の事件が起きない保証はどこにもありません。

これらのことから総合的に判断すると、中国のカドミウム汚染米はこれまでも、そしてこれからも日本と無縁ではないことは明白と言わざるを得ません。

2、深刻な中国の環境汚染

●もはや隠し切れない！〝がん村〟が100カ所以上

2013年、中国ニュース配信サイト「レコードチャイナ」は、中国環境保護部が「中国には環境汚染が原因でがん患者が多発する〝がん村〟が100カ所以上存在していることを認めた」と伝えました。

中国環境保護部はまた、全国の土壌に含まれる有害物質の環境基準超過率について、全国平均で16・１％に達しているとの現状を公表し、この中で中国北部に比べて南部の土壌汚染が深刻な状態にあることを指摘しました。さらに、西南・中南地域でカドミウム、水銀、ヒ素、銅などの重金属濃度の高いエリアが広範に及び、長江デルタ、珠江デルタ、東北旧工業地帯などでも土壌汚染が目立つなどと公表しました。

中国では政府見解が実態をかなり過少評価していることは、周知の事実です。インターネットなどの情報では、これを遥かに凌駕する数値が乱れ飛んでいます。実態は、さらに悪く、政府がもう隠し切れないところまできているとみるべきでしょう。

水質汚染も深刻です。２０１０年、中国環境保護部が全国の水源で実施したサンプル調査によれば、国土全体の43％が「接触に適さない」レベルの水質でした。また、２０１４年の中国環境白書によれば、中国では3分の2近くの地下水と3分の1の地上水は「人間が直接接触するべきでない」レベルの危険な状態にあるというのです。後述する「がん村」は、汚染された河川の流域に点在しているとの指摘もあります。

現在、中国の環境問題として挙げられているのは「四害」—大気汚染、水質汚染、騒音、固定廃棄物汚染—です。最近はこれに加え、土壌汚染も社会問題化してきています。特に重金属汚染は病気の発生原因になります。学校のグラウンドに使われていた素材から難分解性化学物質が検出され、頭痛や鼻血など、子どもたちの健康被害が問題化しています。

北京に4年間在住して2016年に帰国した研究者は、中国の環境問題に関する講演会のなかで、中国の公害問題について次のように証言しています。

「中国では喘息や水俣病のような有機水銀の被害は出ています。しかし、情報統制によって社会問題になりにくく、報道もされないため、どこにどのくらいの被害が出ているかは十分に分かりません。ただ、外国のメディアによって、がんが多発する村の情報が報道されていますし、ネットで検索すれば汚染状況をアップした写真なども見つかります。それらの信憑性は不確かですが、少なくとも何らかの汚染が各地で起こっていることは間違いありません。

公害裁判も報道されないだけで起こっているようです。また、不公平な裁判が行なわれるようにもなってきていますが、まだまだ先進国のようにはいきません。汚染源が民間や海外企業の場合は大きく報道されますが、国や国有企業が相手の場合、まず裁判になることは難しいうえ、なったとしても勝てないというのが実状です」

大気汚染も日本にとって見過ごせない問題ですが、気になるのは食料と直接関係する水質汚染と土壌汚染です。

●工業廃水や重金属で汚染された水と土壌

水質汚染については、中国国家食品薬品監督管理局が作成した内部資料でその実態の一部が明らかにされています。それによると、産業廃棄物による深刻な汚染は中国全土の河川と湖の6割におよび、残りの河川もまだ軽度ながら汚染が進み、さらに農産物に影響のある全潅漑《かんがい》用水の2割が規制基準を大幅に上回る水銀に汚染されていました。また、化学肥料多投の結果、「黄河や長江、珠江を経て流れ込んだ無機窒素が中国近海の赤潮の主な原因になっている」と指摘しました。

興味深いのは、内部資料が加工食品について言及している部分です。それによると、**「加工食品についても作業員による衛生管理の質が悪く不衛生」**で、**「偽ブランド食品の安全性に特に問題がある。重さをごまかすのに牛や豚に水を注入したり、ペンキの材料など毒性の強い添加物や防腐剤を使用するケースが多い」**というのです。これらの実態については後述します。

この内部資料が明らかにされたのは２００６年です。中国の政策は、20年スパンの長期計画と中期の５カ年計画、それに1年間の短期計画があり、これまで様々な環境対策がとられてきました。**なかには、日本より厳しい環境規制もありますが、「これが実際に守られていないことが大きな問題」（前出の研究者）**だと言います。果たして、水質汚染は改善されたのでしょうか。

土壌汚染について、中国の環境保護部が２０１４年に全国的な土壌検査の結果を発表しています。それによると、国土の３分の２に当たる約６３０万平方キロメートルのうち、約16％の土地と耕作地の約19％で基準値を上回る汚染が確認されたことが明らかになりました。

その要因はまず、工場排水を浄化せずに川などに垂れ流していることです。中国の川は日本のように急流でないため、重金属は川に淀み、時間をかけて周囲の土地を汚染します。汚染した川の水をそのまま農業用水として使うと、農地も汚染されてしまいます。中国では、工場排水をそのまま農業用水として使うこともあると言われていることから、農産物が汚染されるのは必至で、汚染の連鎖です。ちなみに、**環境保護部の推計では、重金属に汚染された食料は年間１２００万トンに上ります。**

中国は急速な工業化の過程で、各地で進められてきた鉱石採掘によるカドミウムやヒ素、水銀などの有害な重金属を自然界に解き放ってきました。これらの重金属がいま、中国の広範囲な農地を汚染し、農作物に蓄積して確実に人体に取り込まれているのです。そして中国では将来、農産物の安全性問題では農薬汚染に代わり、重金属による汚染が最も重大な問題となることを多くの専門家が警告しています。

●使用禁止の殺虫剤が分解されないまま蓄積

重金属以外にも、ＢＨＣ（ベンゼンヘキサクロリド）やＤＤＴ（ジクロロジフェニルトリクロロエタン）をはじめとする有機塩素化合物などによる土壌汚染が指摘されています。

ＢＨＣは、１９４１年に神経毒として殺虫効果が見出されて以来、農業用や住居用の殺虫剤として広く用いられてきました。しかし、残留性とその毒性が問題となったため、現在は多くの国で殺虫剤としての使用が禁止されています。農薬として使用した場合、動物が食物から摂取して脂肪や肝臓、腎臓などに蓄積する危険があります。毒性としては頭痛や神経過敏、嘔気《おうき》（吐き気）、全身倦怠感などの症状の他、実験的には肝臓がんの形成や性機能障害などが認められています。

ＤＤＴも有機塩素系の殺虫剤です。自然界で分解されにくいため、長期間にわたり土壌や河川や海に残留し、食物連鎖を通じて人間の体内にも取り込まれ、神経毒として作用します。また、アメリカの野生ワニなどの生態に影響を及ぼす環境ホルモン作用も疑われています。現在、日本国内では製造も使用も禁止されています。

中国では、１９６０年代から１９８０年代は殺虫剤としてＢＨＣとＤＤＴが広く使われていました。**日本でＢＨＣなどの使用が禁止されたのは１９７１年でしたが、中国では１９８３年にＢＨＣとＤＤＴの製造が禁止されました。しかし、使用禁止までの管理はできていなかったため、農村ではいまだに流通しているとも言われています。また、どちらも環境中で分解しにくい性質があることから、たとえ使用禁止にしても土壌に長く留まり、農産物に移行してしまいます。**その証拠に、日本へ輸入された中国産落花生から、残留農薬基準を超えたＢＨＣが検出されるのです。

農薬の過剰使用による健康被害も深刻化している中国では、法の未整備、技術研究の遅れなどの問題が多いとされ、残留農薬基準の策定が食料安全にとって喫緊の課題だと指摘されてきました。また、国内外で残留農薬問題がクローズアップされたこともあり、中国政府は、残留農薬の取り締まりを強化しています。

実際、２０１４年８月１日から施行された「食品に含まれる残留農薬に関する国家新基準」によると、新基準では、国際食品規格等を作成するコーデックス委員会がすでに限度量を制定した国際基準が1999項目含まれています。このうち1811項目（90・6％）は、中国基準と国際基準が同等か、中国基準が国際基準よりも厳格になっています。新基準ではまた、対象となる農産物の種類が拡大され、一般市民がよく口にするほぼ全ての食品の種類がカバーされました。しかし、問題は残されています。環境規制について「実際に守られていないことが問題」と前出の研究者が指摘したように、生産現場で順守されるかが大きな課題だからです。

3、続発する食品スキャンダル

●下水溝に溜まった油を再利用した「地溝油」事件

中国ではこれまで、様々な食品スキャンダルが明るみに出てきました。もはやモラルなき、儲かれば、後は人が死のうが、環境が汚染されようが構わないといわんばかりのカネの亡者の仕業としか思えません。2003年には各国で使用が禁止されているDDTが中国茶から検出され、2004年には偽粉ミルクによる幼児の死亡事件が発生しました。また、理髪店から回収された人毛からアミノ酸を抽出加工して作られた人毛醤油が、日本などへ輸出されていると報じられたのもこの頃です。さらに、2008年にはメラミンに汚染された粉ミルク事件が発覚等々……数え上げたらきりがありません。

こうした事件が相次ぐなか、国民が食品の品質や安全性に注意を払うようになったのは

2001、2002	豚肉に赤身化剤を使用した中毒事件
2003・5	各国で使用が禁止されている DDT が中国茶から検出
2004・4	安徽省で偽粉ミルクにより幼児が死亡する事件が発生
2008・9	甘粛省でメラミンで汚染された粉ミルクが発覚
2009・4	牛乳から、皮革加水分解物を検出
2010・3	下水溝の油を精製した「地溝油」の存在が公に
2011・2	中国でカドミウムを含んだ米が流通していたことが発覚
2012・12	薬漬け鶏肉問題が発覚
2013・1	偽フカヒレが大量流通
2013・3	上海市の水源の川、黄浦江で１万匹を超える病死豚の死骸が大量発見
2013・5	ネズミ肉を羊肉に偽装した事件で摘発
2014・1	毒性の添加物を大量投与した「毒もやし」事件発覚
2014・7	上海食品加工工場で期限切れ鶏肉・牛肉使用発覚
2015・1	病死した豚肉の大量流通が発覚
2015・6	40 年前の冷凍肉「ゾンビ肉」が摘発

表５　中国国内で起きた主な食品事件

当然です。中国政府も対策を講じてきました。２００７年に国家食品薬品安全第11期５カ年計画を発表し、２００９年６月には食品安全法を施行しました。しかし、その後も中国国内では、スキャンダラスな食品事件が続発しています。２０１０年以降に起きた代表的な事例をいくつか紹介します。

まずは、**中国で社会問題化した再生食用油の「地溝油」です。原料は工場などの排水溝や下水溝に溜まったクリームの油。これを濾過、精製した安物の食用油脂が中国国内で大量に出回っていました。**情報は２００５年ごろから噂に上っていましたが、２０１０年３月17日に中国の全国紙『中国青年報』が報じ、その存在が公にされました。

同紙が報じたところによると、これに含ま

れる危険な成分は発がん性物質のアフラトキシンで、毒性はヒ素の１００倍。この他の有害物質として、農薬のＤＤＴが安全基準値を越えて検出されました。

下水溝の油ではありませんが、２０１２年には、**食肉処理後の豚や牛の皮、内臓からの油を原料とした地溝油を販売したとして、中国公安当局が業者ら１００人余りを摘発**しています。司法当局が、地溝油に絡んだ犯罪に最高で死刑を適用できると通知した直後に起きた事件でした。

●劣悪な環境で飼育された薬漬けブロイラー

中国で、ブロイラーの養鶏場で成長促進や病気予防のために成長ホルモン剤や抗生物質が過剰投与されている実態がクローズアップされたのは2012年の12月でした。

発端となったのはその約1カ月前、中国のニュースサイト「中国経済網」が養鶏大手の実名を挙げ、「ブロイラーに薬物を過剰に投与している」と指摘したことでした。あわせて、同社が鶏肉を中国国内のマクドナルドやケンタッキーフライドチキン（KFC）に供給していると報じたため、大きな騒動に発展しました。しかし、この事件は、山西省農業庁の調査で「基準に合致している」として事態の鎮静化が図られました。

ところが約1カ月後、国営中央テレビ局が、中国国内のマクドナルドやKFCに鶏肉を出荷している別の養鶏大手の「六和公司」が、薬物を違法に投与している「速成鶏事件」として報じたのです。

日本でも養鶏には抗生物質が使われますが、食肉へ残留しないように出荷7日前以降の投与は禁じられています。また、肥育環境を整備することで、抗生物質に頼らない養鶏業者も少なくありません。**抗生物質の投与が抗生物質耐性菌を生み出し、人体への影響が懸念されている**からです。

中国でも日本と同じ規制がありますが、**国営中央テレビは、「投与をやめると出荷前に鶏が死んでしまうため、出荷の1日前まで薬を投与していた。その後、餌の投与記録を改《かい》竄《ざん》し、抗生物質の残留検査なしで出荷していた」と報じた**のです。

それが事実だとすれば、その鶏はとても健康な状態とは言えません。ネットなどの情報では、死んだ動物の肉までも出荷しているというのですから、さもありなんです。

その後、こうして鶏肉が日本へ輸出されているとの報道もありましたが、確証は得られていません。ただ、「こうした養鶏方法は中国では一般的」との指摘があることと、日本が輸入する鶏肉調整品は、中国からがタイに次いで第2位だという事実を考え合わせると、名前が挙げられた企業以外からの輸入ルートの存在を無視することはできません。

●人造フカヒレが高級レストランにも

中国の国営中央テレビが2013年1月8日、「人工的に作りだしたフカヒレもどきやフカヒレエキスが〝本物〟と偽られ、ホテルを中心に大量に流通している」と報じました。人造フカヒレは豚のゼラチンと海藻由来のアルギン酸ナトリウム、塩化カルシウムが主原料。安価で、簡単に戻せることが特徴だと言います。また、報道では、多くの高級レストランでも偽フカヒレを本物と混ぜて使用していることがわかりました。

ある調理師は、「一般の客ではよほどの美食家でない限り、ニセモノを見抜くことはできない」と証言しています。なお、1月13日には、浙江省政府の工商局が記者会見し、前年12月に省内の業者や飲食店から不審なフカヒレ560kg余りを押収して検査したところ、「95%が人造フカヒレだった」と発表しています。

高ければ本物、高ければ安心、という〝常識〟は、こと中国製には通用しないと考えるべきでしょう。

●ネズミ肉を羊肉に偽装

2013年5月には、ネズミやキツネの肉に着色料等を添加し、羊肉であるかのように装って市場で販売した業者の集団摘発がありました。この件は、外国メディアも驚きをもって伝えています。

「ロサンゼルス・タイムズ」は「検疫を受けていないキツネやミンク、ネズミなどの肉に色素や化学薬品などを加えたものを羊肉と偽り、江蘇省や上海市などで販売していた」と報じました。

「ニューヨーク・タイムズ」は、「中国でキツネやミンク、ネズミなどの肉を混ぜて作った肉製品を羊肉と偽り、大量に売りさばいていたグループが逮捕された」とし、この他、「貴州市では違法な添加物を含んだニワトリの足が見つかり、これまでには、死んだニワトリや豚肉を販売するケースや、豚肉に水を注入して重さをごまかすケースもあった」と報じました。
ネズミ肉の中には、毒で殺されたネズミもあり、屋台でこれを調理した「偽羊肉串」を食べた女性が、全身に紫斑が出て重度の貧血と凝結機能障害と診断されたという事件もあります。

●病死した豚肉を安く買い上げ販売

病死した豚の肉を違法に加工・販売していたグループのメンバーらが、中国公安省に拘束される事件が起きたのは2015年1月でした。公安省は病死豚を買い取っていた拠点や加工場、販売拠点など30カ所を摘発し、豚肉1000トン余りを押収しました。グループは農家などから病死肉を安く買い上げ、7年にわたり販売。売り上げは1億元（約19億円）にも上ったと言います。

グループは、養豚場の豚の病死などの損害を補償する保険会社の従業員を買収して情報を入手し、低価格で死んだ豚を買い取っていました。さらに、検疫の合格証を不正に取得し、肉をハムやソーセージなどに加工して販売していました。

中国では2011年以降、公安が食品の安全などに関わる違法行為の摘発に力を入れていました。現地紙の報道によると、病死した家畜の肉に関わる摘発は、この時点までで実に4600件に上っていました。

●40年前の冷凍肉＝「ゾンビ肉」が流通

2015年6月、「『ゾンビ肉』と呼ばれる肉を、違法に密輸していたギャングが中国警察によって摘発された」と『人民日報』が報じました。

「ゾンビ肉」とは、何十年も前に冷凍保存され、市場に出回ることのなかった肉を指します。押収された「ゾンビ肉」は全部で3億元（日本円で約60億円）相当の10万トンに上る冷凍肉でした。なかには、1970年代～1980年代の手羽先や豚肉などがあることもわかりました。その多くは、違法な業者によってベトナムから密輸されたもので、通常の食肉に行なわれる検査や検疫がされていないため、健康被害を生じる危険性がありました。

ちなみに、この月に実施された当局の一斉調査によって、「ゾンビ肉」を扱っていた21の組織が摘発されたと伝えられています。

これらの食品事件が起きる最大の要因は、生産サイドのモラル欠如にあることは言うまでもありません。また、食品の安全性を確保するためには、政府の適正な規制、生産サイドの順法精神と自覚、それに消費者の批判が欠かせません。さらに加えれば、これらを実現させるために、情報公開とメディアの社会的監視が不可欠です。

しかし、中国では企業と行政の癒着がしばしば問題になります。たとえば、病死した豚肉を販売していた事件で、検疫合格証の不正取得には、日本で言うところの公務員が関わっていたことはその証左です。規制を含めた検査体制の整備も万全ではありません。情報公開は進んできていますが、まだ不十分なことから「メディアの社会的監視機能が発揮されていない」とも指摘されています。

4、中国の食品衛生管理

食品の安全性を掌る《つかさど》食品安全法が中国で施行されたのは2009年6月。その後、日本の食品安全委員会に相当する組織も発足しました。他の法規も含め、一応、食品安全行政は形が整ったように映ります。

中国の食品管理は、輸出と国内向けの食品とでは管理体制が違います。輸出食品は中央直轄の組織＝国家質量監督検験検疫総局（質検総局）が管轄しています。2001年4月、旧国家出入国検査検疫局と旧国家品質技術監督局とが合併して設立されました。中国の食品安全関係行政のなかでは最も有力と言われ、国際基準の衛生管理の手法に基づいて厳しく指導しているとされています。

一方、国内向けの食品は衛生部の所管になります。地方依存の色彩が強いため、その管理手法は「質検総局より遥かに緩い」と専門家は指摘しています。このため、2010年以降も、中国国内で食品スキャンダル事件が続発しているのです。その背景として、次のような点が指摘されています。

・食品は信用財としての性格。消費者が食品の品質を確認することは困難であり、生産者、食品企業の信頼性に依存。
・信用財は不正行為が露顕しにくく、企業モラルの低下を招きやすい。
・生産者、食品企業の食品安全意識が低い場合にも問題は発生。
・生産者、食品企業に対する十分な監視が不可欠。監視のないところでは容易に不正発生。

・トレーサビリティ（商品の生産から流通、販売までの過程を、追跡確認できるシステムのこと）は食品生産過程の透明性、表示の適正性等を確保する上でも重要手段。ただし、中国では全体として企業の自主性に乏しく、実施の程度は不十分〉等々。（２０１２年10月2日「中国の食品安全制度―食品安全に関する中国の現状と取組―」より抜粋。農林水産政策研究所　河原昌一郎）

その上で、河原昌一郎氏は「中国での企業モラルの維持のためには、行政と企業の分離、適正な検査・監督、適正な社会的監視・報道等が求められるが、それは可能なのか」と問いかけています。さらに、「食品安全意識の向上と消費者による食品監視の実施が不可欠」と指摘しています。

また、「中国の食品安全問題は、体制的、社会的な問題を背景としており、短期間での解決は困難」とも。この指摘を裏付けたのが、ネズミ肉を羊肉に偽装した事件であり、40年前の冷凍肉「ゾンビ肉」事件等々でした。さらに言えば、厳しいとされる輸出用食品管理でも、消費期限切れ鶏肉問題は日本へも波及しました。課題はまだ山積しているとしか言いようがありません。

第3章　中国産食品の新たな脅威

1、食品への放射線照射

●福島第一原発事故による食品への放射能汚染

東京電力の福島第一原発事故による放射性物質の拡散で、外部被曝とともに、私たちを不安にさせたのは食品などから放射性物質を摂取する内部被曝でした。このため、福島産をはじめとする東北産農水産物を敬遠する動きが広がったことは致し方のないことかもしれません。政府（食品安全委員会・厚生労働省）は、こうした動きの鎮静化を図るため、次のようなリーフレットを作成しました。

わたしたちのまわりには、もともと放射性物質（カリウム40などの自然放射性物質）があります。もちろん、食べものの中にも。わたしたちは、大昔から、そして生まれてきてからずっと、食べものを口にすることで、毎年０・４ｍSv（ミリシーベルト）分くらい体に取り込んできました。

それでは、原発事故後、食べものから体に入る放射性物質は、どのくらい増えたのでしょうか。厚生労働省などが調べたところ、年間で０・０２～０・０３ｍSv増えました。これは、今まで食べものから摂ってきた量の、１／20～１／１３０くらいです。

仮に、最も増えた場合（０・０２ｍSv／年間）で、80年間摂り続けて１・６ｍSvです。元々受けてきた自然放射性物質からの放射線のほか、どのくらいの放射線を受けると、わたしたちの健康に影響が出る可能性があるのでしょうか。

科学的に確認されているのは、一生涯で１００ｍSv以上です。


また２０１２年４月には、食品に含まれるセシウムの新基準値による規制をスタートさせました。具体的には、一般食品が１００Bq（ベクレル）／kg、乳児食品50Bq／kg、牛乳50Bq／kg、飲料水10Bq／kgです。これは「年間線量・１ｍSvを上限とする」考え方から導き出された数値です。

しかし、放射性物質は体内になるべく取り込みたくないとする一部の生活協同組合は、これより厳しい自主基準を設けています。当然ではないでしょうか。政府発行のリーフレットにある自然放射性物質や、**日本が世界平均よりも高い医療用人工放射能等々、食品由来以外の放射性物質を取り込んでいる**からです。そして、外部被曝はもちろん、内部被曝のリスクは低いに越したことはありません。そこで、注意を払わなければならないのが食品への放射線照射、特に中国産食品なのです。

●新たな危険！「放射線照射」された中国産食品

農産物の残留農薬や水産物の抗菌性物質の残留、そして食中毒菌汚染等々。厚生労働省が中国産食品の検疫に目を光らせていることは第1章で取り上げた通りです。そこでは詳しく触れなかったのが、安全性に様々な疑問が突き付けられている食品への放射線照射です。1990年代から中国産食品で密かに問題となっていましたが、近年、新たな脅威としてクローズアップされています。

というのも、厚生労働省は2015年度に続き、2016年度も中国産食品について

「放射線照射がおこなわれているおそれがある」として検査命令を発しているからです。両年度に、その対象製造社として挙げられているのはGUIZHOU LEEFENG HEALTH PRODUCTS CO., LTD. １社です。ところがこの会社、よく調べてみると前科があったのです。

厚生労働省は２００８年11月21日、中国から輸入された赤唐辛子について、放射線が照射されたものと判断し、食品衛生法違反として取り扱うことを公表しました。その製造会社がGUIZHOU LEEFENG HEALTH PRODUCTS CO., LTD. でした。厚生労働省が公表した概要を紹介します。

１．当該品目の概要

（1）品目名：赤唐辛子、（2）届出数重量：30カートン、３００kg、（3）輸出国：中国、（4）輸入者：八木通商株式会社（大阪市中央区今橋３−２−１）、（4）製造者：GUIZHOU LEEFENG HEALTH PRODUCTS CO., LTD.（5）届出先：関西空港検疫所、（6）届出年月日：平成20年7月11日、（7）**流通状況：全量消費済み**

２．経緯

当該品については、横浜検疫所輸入食品・検疫検査センターにおいて、２００８年7月、２回の検査を実施したが、１回目には所定の測定条件に適合せず、２回目には過去の陽性例で見られなかったデータが得られたため、「放射線が照射されたものとは判断できない」としていた。しかし、２００８年9月、製造者及び輸入者が同一である他の中国産唐辛子について検査を実施したところ、２００８年10月、放射線が照射されたものと確認された。このため、上記当該品について、残存する検体が所定の数量より不足していたものの、２００８年10月、再検査を実施し、専門家の意見を聴き再検討した結果、「放射線が照射されたものと判断できる」と結論付けるに至った。

度重なる赤唐辛子への放射線照射。厚生労働省がこの会社について検査命令を連発しているのは、要注意としてブラックリストに入っているからです。しかし、中国産食品への放射線照射は、この会社だけの問題として見過ごすことはできません。というのは２０１３年12月、厚生労働省は具体的輸出国名と企業名を列挙し、放射線照射に係る輸入時検査の強化を各検疫所に通知、このなかの16社中実に9社が中国の食品会社でした。近年、中国では食品への放射線照射が広がっている実態を窺い知ることができます。

その広がりの一部、氷山の一角が表6の食品衛生法違反事例です。これは検査結果が出るまで輸入を認めない検査命令ではなく、汚染食品が日本国内に流通する危険性のあるモニタリング検査で偶然に見つかったケースです。食品衛生法違反に問われたのは２０１３

年12月が最後ですが、放射線照射したかどうかを検査する方法が完成していないなど検疫は万全ではありません。検疫をスルーした中国産放射線照射食品が、密かに日本国内に出回る危険性は常につきまとっているのです。

２０１３年に検査が強化された9社については、２０１５年度と２０１６年度は検査命

2016 年 4 月	冷凍天然エビ	ベトナム
2014 年 9 月	茶の代用品	シンガポール
2014 年 3 月	大麦若葉エキス粉末	米国
2013 年 12 月	冷凍ボイルシャコ	中国
2013 年 9 月	乾燥コリアンダー	バングラデシュ
2013 年 9 月	乾燥クミン	バングラデシュ
2013 年 8 月	乾燥ミント	ブラジル
2013 年 2 月	乾燥ダイコン葉	中国
2012 年 3 月	乾燥ペパーミント	チリ
2011 年 3 月	乾燥シイタケ	中国
2011 年 2 月	乾燥唐辛子	タイ
2009 年 10 月	ボイルシャコ	中国
2009 年 10 月	乾燥シイタケ	中国
2009 年 9 月	ウーロン茶	中国
2009 年 9 月	乾燥ねぎ	中国
2009 年 8 月	ボイルシャコ	中国
2009 年 5 月	冷凍シャコ	中国
2009 年 5 月	乾燥シイタケ	米国
2009 年 3 月	黒コショウ	中国
2009 年 3 月	乾燥シイタケ	中国
2009 年 2 月	乾燥ケール粉末	中国
2008 年 11 月	きざみ赤唐辛子	中国
2008 年 10 月	マカ	ペルー
2008 年 6 月	乾燥しいたけ	中国
2007 年 12 月	パプリカ	ドイツ
2006 年 5 月	ソイアクト	米国
2004 年 11 月	粉末田七人参	中国
2004 年 3 月	ハーブ抽出物	中国
2004 年 1 月	マルハのホッキ貝	中国
2002 年 2 月	マカパウダー	ペルー
2001 年 10 月	蜜蜂の幼虫粉末	中国
2001 年 1 月	焙煎ガラナ豆	ブラジル
2000 年 9 月	アガリクスエキストラクト	ブラジル
1999 年 12 月	アガリクスタブレット	ブラジル
1997 年 8 月	粉末サメ軟骨	カナダ
1997 年 8 月	健康食品 NOPAL	メキシコ
1997 年 1 月	粉末サメ軟骨	台湾
1996 年 10 月	粉末清涼飲料百宝	中国
1996 年 9 月	花粉加工食品	米国
1996 年 9 月	紅鮭加工品	米国
1996 年 6 月	朝鮮人参ドリンク	中国

表６　放射線照射による食品衛生法違反事例（1996 年～ 2016 年）
出典：厚生労働省「輸入監視統計」より作成

令の対象外とされていますが、この9社が「放射線照射食品を輸出していない」と断言する保証はどこにもありません。また、後述するように、中国は放射線照射が利用しやすい環境が整っています。これからも、２００８年の赤唐辛子の概要のゴチック部分にあるように、放射線照射食品が私たちの胃袋に収まってしまう可能性を否定することはできないのです。

●年間80万トン以上！　ダントツの放射線照射大国・中国

表6から読み取れるのは、中国産の件数の多さだけではありません。特徴的なのは、水産物から農産物まで幅広く放射線照射が行なわれていることです。表は氷山の一角にすぎません。なぜならば、中国は米国とともに世界に冠たる放射線照射大国だからです。

データは少し古くなりますが、２００５年段階における放射線照射食品の処理量のビッグ3は中国、米国、ウクライナの順でした。特筆すべきはその処理量です。中国は約15万トンで他国を圧倒（米国約9万トン、ウクライナ約7万トン）。対象食品はにんにく、乾燥野菜、香辛料、穀類、健康食品、水産物などと幅広く、処理施設はコバルト60γ《ガンマ》線照射施設が103基でした。

その後、中国の処理量は年々増え、2012年には約80万トン、処理施設についても200基以上あると推定されています。ちなみに、**2012年における放射線照射を実施している各国における放射線照射の総処理量は100万トン超。単純計算すると、そのうちの約8割が中国産ということになります。ここでもその多さが際立ちます。**

また、200基以上あると推定されている処理施設は、中国全土に広がっているといっても過言ではありません。参考までに2005年段階でのデータの一部を紹介します。

北京市7基　天津市3基＋1（＋1は建設中　以下同）、上海市8基＋1、重慶市2基
河北省3基、遼寧省6基、黒竜江省1基、江蘇省13基＋1、浙江省5基＋3、福建省5基
江西省2基、山東省7基、河南省3基、湖北省2基、湖南省2基、広東省4基、海南省1基、
四川省5基、内モンゴル自治区1基、新疆ウイグル自治区1基＋1等…。

これらの照射施設はコバルト60γ線照射施設です。これ以外に電子線照射施設が6カ所。**施設が多いのは海寄りの地域ですが、西の新疆ウイグル自治区から東の上海市、北の**

黒竜江省から南の海南省まで施設は全国に点在しています。つまり、中国のどの地域でも食品への放射線照射が可能となり、「中国でもこの地域なら安心」とは断言できないのです。

東京電力の福島第一原発が引き起こした過酷事故（メルトダウン）によって、特に福島産の農産物を敬遠する動きが広がりました。そして消費が他産地や輸入品へとシフトしましたが、施設数と処理量の多さを考え合わせると、中国産食品については、国内他産地へシフトすることすらままならないのが現状と言えるでしょう。

中国がここまで放射線照射に頼る理由は、にんにくをはじめとする野菜の発芽防止や、畜産物における微生物のコントロールなど（84ページ・表7参照）です。**乱暴な表現を用いれば、「農薬の代用に放射線、殺菌・殺虫の代用に放射線」となります。微生物コントロールとは丁寧な表現ですが、極端な例を持ち出せば、「糞まみれの鶏肉も照射する」こと。殺菌はされますが、残念ながら「糞は残り、口に入る」と専門家は指摘しています。**

中国産食品は検疫で糞便性大腸菌が検出されるなど、食品衛生法違反に問われることが頻発しています。「ならば放射線照射」となりかねません。また、それが可能なのが中国産食品なのです。

●放射線照射は本当に安全か

専門用語が多いので分かりづらいかもしれませんが、端的に言えば「放射線を照射された食品が放射能を帯びている、つまりは放射線が出ている」のです。―これでも、「放射線照射は問題なし」と言い切れるのでしょうか。

食品照射は、貯蔵期間の延長や発芽の防止、殺菌、端境期《はざかいき》のコントロールなどの目的で、エックス線、ガンマ線、電子線などの放射線を食品に放射する技術です。その開発・利用は、20世紀初頭から始まりました。１９５２年には、米国でジャガイモのエックス線照射による発芽抑制効果が報告され、その後、国際的に食品照射の研究が進められてきました。これによって、推進派は「価格を安定させることができる」などの利点を挙げていますが、放射線が持つ生命の殺傷力を利用した滅菌、殺菌技術であり、日本では食品衛生法で禁止されています。

食品	目的	線量(最大)
生鮮野菜	発芽防止	1.50 k Gy
生鮮果物	貯蔵期間延長	1.50 k Gy
穀類(米、麦)	害虫防除	0.60 k Gy
乾燥ナッツ、フルーツ	害虫防除	0.40 k Gy
冷凍牛肉、家禽肉	微生物コントロール	2.50 k Gy
豚肉	寄生虫コントロール	0.65 k Gy
スパイス	微生物コントロール	10.00 k Gy
食用花粉	微生物コントロール	10.00 k Gy
家畜、家禽の調理食品	微生物コントロール	8.00 k Gy
かんしょ(さつまいも)酒	微生物コントロール	4.00 k Gy
豆類	害虫防除	0.20 k Gy

表7　中国で放射線照射が許可されている食品（2011）
出所：食品安全委員会
単位：Gy（グレイ）＝放射線を受ける物質に吸収される線量の単位

日本では「原子炉の多目的利用法の開発」、つまりは原発アレルギーをなくすために1965年から研究が始まりました。対象は米、小麦、ジャガイモ、タマネギ、みかん、ウインナーソーセージ、水産練り製品の7品目。このなかで**ジャガイモの発芽防止への照射は例外的に認められ、1974年から北海道・士幌町農協が全国で唯一の照射施設を運営しています。**

照射ジャガイモに続いてたまねぎが許可される予定でした。しかし、照射たまねぎを食べたネズミが子どもを産むと、生殖器異常や頚肋《けいろく》といわれる奇形が現れることなどがわかり、当時の原子力委員会は、ジャガイモを除いた6品目について「遺伝的安全性」の実験を追加するとして研究を延長、その後許可になった品目はありません。

照射食品が登場して以来、摂取すると健康に悪影響があることを示す動物実験がいくつも発表され、安全性論争が続いてきました。たとえば、日本で許可されているジャガイモでは卵巣の異常や体重減少が３００Gy、６００Gyの照射で起きています。このため、照射の最大許可線量は１５０Gyとされています。これ以外にも動物実験で死亡やがんの増加などが問題となっています。

ここで、**表7の「中国で放射線照射が許可されている食品」に戻ると、食品に吸収される放射線量の高さ（KGyレベル）が、日本の照射ジャガイモ（Gyレベル）と比較すると、4kGy：0・15kGyと桁違いで、雲泥の差であることがわかるでしょう。ちなみに、50Gyで全身被曝した場合、人間は2週間以内に100%死亡、また、がんの放射線治療に使用する線量でさえ1回2Gy程度だと言われています。**

単位：Gy（グレイ）＝放射線を受ける物質に吸収される線量の単位。KGy（キログレイ）１KGy＝１０００Gy。ちなみに放射線を出す能力（放射能）の強さを表す単位がBq（ベクレル）、そして放射線を受けたときの人体への影響を表す線量の単位がSv（シーベルト）です。

●海外でも安全性に疑問の声が続々

海外でも、放射線照射食品について、安全性に疑問を投げかける報告が相次いでいます。1972年に、照射ジャガイモのアルコール抽出物が胎児の異常を引き起こすとの報告があり、1975年には、インド国立栄養研究所が、2歳～5歳の栄養失調で入院している子どもに照射小麦を与えたところ、血液中の白血球染色体異常が出ることを報告しました。

また1998年にはドイツのカールスエール連邦栄養研究センターが、ラットと人の結腸細胞を用いた実験で、放射線照射することで発生する新しい物質に細胞毒性と遺伝毒性があることを報告。この新しい物質については2002年、パスツール大学の研究者が、動物実験で遺伝毒性とともに、「発がん物質と同時に与えると6カ月で3～4倍も多くがんをつくること（発がん促進）が分かった」と公表しました。

それでも中国などで放射線照射が続いています。その根拠となっているのは、国際機関が１９８０年に「10ｋGy以下の照射食品の安全性に問題はない」とした見解です。さらに、１９９７年には世界保健機関（ＷＨＯ）が「10ｋGy以上照射しても食品の健全性に問題はない」との見解を発表しました。しかし、10ｋGy以下という見解には多くの疑問が出され、それを上回るＷＨＯの見解については、**欧州連合（ＥＵ）の食品科学委員会は、「いかなる線量を照射した、いかなる食品も安全である」という見解を受け入れず、安全性は個々の食品ごとに調べる必要があると指摘しています。**なお、ＷＨＯの見解について国際機関は２００３年、「10ｋGyを維持する」と決めています。

ここで再び、「中国で放射線照射が許可されている食品」の線量（最大）に注目してください。スパイスと食用花粉は10ｋGyで国際機関の上限そのもの。また、家畜や家禽の調理食品は８ｋGyと上限に近づいています。これらが順守されていても敬遠したい放射線照射ですが、百歩譲ったとしても、中国で安全基準が適切に守られている保証はどこにもありません。鶏肉の消費期限切れ問題はその証左に他なりません。

●オーストラリアで放射線照射の餌を食べたネコが大量死

２０００年以降、放射線照射食品の安全性に疑問をつきつける事実も次々に明らかになっています。従来、放射能に汚染された食品と異なり、照射食品は放射能を帯びる（放射線を放出する）ことはないとされてきました。この通説を前提に食品への放射線照射が行なわれてきましたが、２００７年、日本の国立医薬品食品衛生研究所の研究員がこれを覆す調査報告を同研究所の「国立衛研報」に発表しました。

その内容は、「米国陸軍の研究所の実験で、国際的に認められている放射線照射でも食品に含まれる元素によっては放射能を帯びることが明らかにされていた」というものでした。報告の「まとめと結論」の冒頭にはこう記されています。

〈現在照射に国際的に認められているコバルト60、10ＭeV（メガ・エレクトロンボルト）までの電子線、並びに5ＭeVまでのエックス線を用いても、食品中に含まれる元素によっては、放射能を帯びることが報告されている。誘導放射化は原理的に起きないとされているコバルト60を50ｋGy照射した牛肉、ベーコンからバックグラウンド（※）の2・4倍、３倍の誘導放射能を検出した〉（※自然界の放射線のこと）

放射線照射の危険性を示す新たな知見は、この調査報告だけではありません。

２００８年から２００９年にかけて、オーストラリアで「人の食物への照射に警告を発しているかもしれない」と言われているネコ怪死事件がそれです。同国は、輸入ペットフードへの放射線照射を義務付けていましたが、この餌だけを食べたネコ95匹が神経症状（白質脳脊髄症）を引き起こし、37匹が死亡してしまったのです。このため政府は２００９年５月、キャットフードへの照射義務づけを中止しました。

この神経症状は、これまでのところネコにしか確認されていません。しかし、欧州食品安全機関の科学専門委員会は、「ヒトの健康への関連性を評価するためさらなる研究が必要」としています。当然と言うべきでしょう。

化学（物質）は安全性より有用性を優先して開発されます。しかし、新たな知見で「安全性に問題がある」として使用禁止になった例は枚挙に暇がありません。食品添加物はその歴史だったとも言えます。他にもＤＤＴ（ジクロロジフェニルトリクロロエタン）やＰＣＢ（ポリ塩化ビフェニル）、農薬、環境ホルモン物質等々こうした背景もあり、食品の安全性については「疑わしきは使わず」とする予防原則が世界の潮流です。食品への放射線照射も、これに倣うべきです。

食品への放射線照射についてはもう一つ指摘しておかなければなりません。それは、**国際機関が10kGy以下の照射を認めているものの、「それは衛生管理や製造管理の代用として用いられるべきではない」との条件をつけていることです。不衛生な環境を改めることなく、無闇に照射することを戒めているわけですが、世界では代用として使われているのが実態です。放射線照射大国の中国がまさにその先頭を走っているのです。**

●中国食品の放射線照射に無防備な日本の輸入業者

中国産食品は個人輸入を除けば直接、消費者に届くわけではなく、輸入業者や食品メーカーが存在します。これら業者のアンケート結果から、「照射食品については輸入の際、具体的な対応が必要だ」ということが浮き彫りになっています。

アンケートを実施したのは照射食品反対連絡会。中国産鶏肉の消費期限偽装問題が明らかになった２０１４年９月に３８９社にアンケート用紙を送付しました。回答があったのはその1割を切る37社でしたが、このうち27社が中国産食品を直接・間接的に輸入・購入していました。

放射線照射についての質問は「中国からの違法照射を防ぐために講じている対策はありますか」という内容です。回答は以下の通りです。

・中国側に照射しないように申し入れてある。　10社

・輸入された食品を検査に回している。　2社
・その他　15社

「その他」の回答15社のうち、「特に何もしていない」が1社、「中国産の照射が疑われる食品群の取り扱いは行なっていない」が1社でした。残り13社の内訳は以下です。

①　照射されていない旨の規格書・保証文書の取り交わし（3社）
②　現地視察・訪問、順法・トレーサビリティ管理の確認（4社）
③　輸入前に供給者の評価・監査の実施、法令違反のないことを確認（3社）
④　照射のないことの申し入れ・誓約書・保証書・規格書などの確認、管理（1社）
⑤　取引先の商社が検査・視察・確認（2社）

自由記入欄には「弊社は、食品への放射線照射には反対しております」「中国国内外原料を問わず、食品への直接の照射は、慎重であるべきと考えます」との記述もありました。しかし、**照射食品かどうかを検査している会社はわずかに2社のみ。また、「中国側に照射しないように申し入れてある」のは10社ですが、鶏肉消費期限偽装を平然とやってのける中国であることを考えると、これが確実に履行される保証はありません。**①〜⑤につい

ても同様で、輸入サイドのこの問題に対する認識は必ずしも深まっていないようです。

照射食品については輸入の際、具体的な対応が必要なことは言うまでもありませんが、民間による検査や検疫は必ずしも万全ではありません、**東北産、特に福島産食材を敬遠する動きがまだ一部にはありますが、増え続ける中国産照射食品と一体どちらが安全なのか、**立ち止まって考えてみる必要があります。

また、食のグローバル化が著しいなかで、中国産をはじめとする輸入食品は、ベネフィットとリスクがコインの表裏関係にあることを肝に銘ずべきではないでしょうか。

2、中国産食品の新たな脅威―遺伝子組み換え食品

●「業務スーパー」の神戸物産が違法ビーフンを回収、パパイヤも…

２０１５年2月24日、「業務スーパー」を展開している神戸物産が【商品回収とお詫びとお知らせ】を出しました。その内容は以下の通りです。

【対象商品：江西米粉（ビーフン）規格：３００g　JANコード：4942355060505

回収理由：安全性が審査されていない遺伝子組み換え品種が一部商品にて確認され、行政より回収命令があったため。

対象賞味期限：全賞味期限

回収方法：大変お手数をおかけしますが、同商品をお持ちのお客様は「株式会社神戸物産お客様相談室」下記連絡先までご連絡もしくは商品をご送付いただきますようお願い申し上げます。商品代金を返金させていただきます。（以下略）】

回収命令を出したのは兵庫県。日本で安全性が未審査の遺伝子組換え米（63 Bt）が検出されたからです。ちなみに、「63 Bt」とは害虫抵抗性のBtタンパク質を指します。稲にBacillus thuringiensisという細菌由来のタンパク質を組み込み、これを食べると特定の害虫が〝コロリ〟と死んでしまうシロモノです。現在、日本では遺伝子組み換え作物は、トウモロコシや大豆、ナタネなどで安全性審査が終わったもののみ輸入が認められていま す。しかし、米については、安全性未審査として一切認められていません。

遺伝子組み換え米を原料とした中国産汚染食品の摘発は、これが初めてではありません。

中国産の遺伝子組み換え米（ビーフン）が、日本で初めて検出されたのは２００６年。環境保護団体グリーンピースが、ＥＵにおいて中国産米加工品（ビーフン等）から遺伝子組み換え米の混入を確認したと公表したのを受けて行なった、中国から輸入される米を主原料とする加工品の行政検査で発覚しました。あわせて、約１トン、約１万５０００人分が流通・消費されてしまっていたことも明らかになったのです。安全性未承認の遺伝子組み換え食品が、これだけ流通・消費されたことも、これが初めてでした。

年月	品名	重量(t)
2006	米粉　麺	138
2007	米粉　麺	362
2008	米粉　麺	69
2009	米粉　麺	1.1
2011	米粉　麺	
2014(5月)	パパイヤスライス	
2014(11月)	冷凍パパイヤ	
2015(2月)	ビーフン	1
2015(6月)	ビーフン	
2015(6月)	ビーフン	
2016(1月)	冷凍パパイヤ	

表８　中国産食品　安全性未審査の遺伝子組み換え作物検出例
厚生労働省　輸入食品監視統計から作成

表８にあるように、これ以降ほぼ毎年、安全性未審査の遺伝子組み換え米を原料とした加工食品の摘発が続いています。２０１５年には神戸物産に続いて２件。63 Btの他に２種類の殺虫成分を組み込んだ遺伝子組み換え米でした。

中国産食品から、安全性未審査の遺伝子組み換え作物が見つかったのは米だけではありません。２０１４年には、輸入業者の自主検査で、冷凍及びスライスしたパパイヤが遺伝子組み換え作物だったことが判明しています。２０１６年にも冷凍パパイヤが見つかっています。これらは、ウイルスに感染しても、その増殖を抑える遺伝子を組み込んだパパイヤでした。

●遺伝子組み換え作物流通の真のリスク

除草剤をかけても枯れない大豆、害虫が食べると〝コロリ〟と死んでしまうトウモロコシや米など、開発者と生産者の都合を優先して開発されたのが遺伝子組み換え作物です。日本国内では商業栽培は行なわれていません。しかし、日本が輸入に頼らざるを得ない大豆やトウモロコシ、ナタネなどの輸出国であるアメリカやカナダ、オーストラリアでは作付けが年々増え、これらの日本へ輸入される遺伝子組み換え作物の比率は70〜90％とみられています。

遺伝子組み換え作物の日本への輸入が始まったのは１９９６年の秋。しかし当初から、食品としての安全性や環境への悪影響などが指摘され、当時も今も反対運動が世界中で繰り広げられています。日本では現在、食品安全委員会が安全性評価指針に基づいて安全性評価を行なっていますが、食品添加物と同様に開発メーカーのデータを元にしているため、信憑性や安全性を疑う声も少なくありません。また、安全性については、動物実験などで「毒性あり」とする実験や研究結果が報告されています。いくつかを紹介します。

①害虫抵抗性ジャガイモでラットの成長阻害と免疫力低下

1998年、イギリスのアーパド・プシュタイ博士は「遺伝子組み換え害虫抵抗性ジャガイモをラットに与えたところ、腎臓や脾臓、胸腺、胃などの組織における成長阻害と免疫力の低下が見られた」とテレビ番組で公表しました。この報告については英国王立協会が否定し、博士はイギリス政府やマスコミの批判にさらされました。しかしその後、イギリス政府が謝罪し、名誉回復した経緯があります。

②遺伝子組み換え大豆がビスター・ラビットの新生児体重と死亡率に与える悪影響

2005年、ロシア科学アカデミー高度神経機能、神経生理学研究所のイリーナ・V・エルマコバさんは、ロシアで開かれた遺伝子組み換えシンポジウムで次のように発表しました。「ビスター・ラビットを用いた実験で、遺伝子組み換え大豆は、ラビットの子どもに対して高い死亡率と、子どものあるものには体重増加率の低下ももたらすことが明らかになった」

③不妊傾向が高まる

オーストリアの国立農業保健省の委託でウィーン大学の研究者らが行なった研究で、

遺伝子組み換えトウモロコシを食べさせたマウスを4世代にわたって交配実験した結果、「遺伝子組み換えトウモロコシを食べた世代は次第に不妊傾向が高まり、子どもの数が少なくなった」と発表しました。

④遺伝子組み換え食品のモラトリアムを

２００９年、アメリカ環境医学会は、遺伝子組み換え食品のモラトリアムと長期安全試験の即時の実施を求めるメッセージを発表しました。その内容は次の通りです。

〈いくつかの動物実験が示しているのは、遺伝子組み換え食品と健康被害の間には、偶然を越えた関連性があることであり、遺伝子組み換え食品は毒性学的、アレルギーや免疫機能、妊娠や出産に関する健康、代謝、生理学的、そして遺伝学的な分野で、深刻な健康への脅威となる―と結論づけることができる〉

⑤有害成分が蓄積し、胎児へ移行

研究を行なったのはシェルブルック大学病院センターの産婦人科の医師たちです。30人の妊娠中の女性と39人の子どものいない女性から血液のサンプルを調査しました。その結果、遺伝子組み換え経緯の有害物質が93％の妊娠女性の血液（30人のうち28人）から、及び80％の女性（30人のうち24人）の臍帯血から検出されたというもので、２０１１年に明らかにされました。臍帯血を通じて胎児への移行の可能性も示されたと言えるでしょう。

⑥遺伝子組み換えトウモロコシでラットに異常

２０１２年、フランスのカーン大学のジル・エリック・セラリーニ博士率いる研究チームによって、遺伝子組み換え作物に関する衝撃的な研究結果が明らかにされました。「遺伝子組み換えトウモロコシを日常的に摂取するラットでは雄、雌ともに早い時期に死亡する。乳がんの異常（雌）が多かった」などで、ラットに発生した巨大な腫瘍の写真とともに発表されました。

セラリーニ博士らは、遺伝子組み換えトウモロコシを食べさせる７００日間のラットの実験を行ない、遺伝子組み換えトウモロコシを食べさせた投与群と、食べさせていない対照群を比較検討しました。その結果、「雌では乳がんと脳下垂体の異常が多かった。雄では肝機能障害と腎臓の肥大、皮膚がん、消化器系への影響が見られた」というのです。

もっとも、研究結果には実験が不十分との声が寄せられたこともあり、『食品・化学毒物学誌』の出版元は２０１３年末、「捏造や不当表示の証拠は見つからないが、元々がんにかかりやすい種類や少ない個体数を対象に行なわれた動物実験では決定的な結論ではない」として、論文を撤回するという事態に発展しています。

これに対してセラリーニ博士は、「研究成果を疑っていない」と訴えています。

遺伝子組み換え食品については反対、推進で当然のように評価は分かれています。ただ、食料の多くを輸入している日本（人）が、人体実験にさらされていることは誰も否定できないはずです。ましてや、問題が起これば誰も制御しきれない未知の領域とも言えるのが、遺伝子組み換え技術です。

●それでも遺伝子組み換え作物を推進する中国

中国は、１９８６年に遺伝子組み換え作物の研究を開始してから、25年以上にわたり研究開発を推進してきました。１９９７年以降、中国では6種類の遺伝子組み換え作物（綿花、トマト、ピーマン、ペチュニア、ポプラ、パパイヤ）が商業化されましたが、そのほとんどは綿花で、輸出されているのはパパイヤぐらいでした。

２０１０年時点で、中国国内で研究や試験を行なっている遺伝子組み換え生物は動物、植物などを合わせると１００種類超、２００以上の遺伝子に及ぶと言われています。また、２０１４年には３９０万ヘクタールで遺伝子組み換え作物が栽培されたとされています。

イネとトウモロコシに関しては、２００９年に試験栽培を認めています。しかし、消費者の安全性に対する懸念が強く、公式には流通していないとされ、商業化は認められていません。大豆に関しても、遺伝子組み換えによる開発が進められていますが、同じような事情から商業化は遅れています。とはいえ、政府は、遺伝子組み換え技術による作物・動物・林木の研究開発を積極的に進めているため、この分野に対する研究開発投資について専門機関は、「公的機関としては世界最大規模と考えられる」と指摘しています。

ところで、パパイヤはともかくとして、中国で商業化されていない遺伝子組み換え米がなぜ、日本で見つかるのでしょうか。その理由はいたって簡単。政府が商業栽培を認めていない遺伝子組み換えイネが、野放図に栽培されているからです。農民は「農薬代の節約になるから素晴らしい」と大歓迎しているとさえ言われています。その種もみは、大学などの研究機関が開発したもので、これが半ば公然と農民の手にわたり、一気に広がったのです。

こうした事実を前にしても、政府は市場への流通を認めていません。中国農業部の遺伝子組み換え担当部次長は２０１６年3月、「中国の遺伝子組み換えイネの開発は進展しているが、短期的には商業規模での栽培は行なわない」と強弁しています。しかし、中国国内でも遺伝子組み換え米を原料としたあられなどの加工品が相次いで見つかっています。

中国ではもはや、政府でさえ、遺伝子組み換え米のコントロールができなくなっているのです。

東日本大震災で国産米の需要が逼迫《ひっぱく》したため、一部のスーパーや外食産業で安価な中国産米にシフトする動きが見られました。これ以外にも、前述のように、中国からはミニマムアクセス米の輸入が続いています。このなかに、日本で安全性未審査の遺伝子組み換え米が混じっている可能性を否定することはできません。また、中国は２０１６年に入り、トウモロコシなどの主食用作物について、「遺伝子組み換え作物の商業栽培に踏み切る方針」を明らかにしています。中国紙が報じたもので、それによると、中国農業部の遼・科学技術教育司長が２０１６年からの第13次５カ年計画で、「害虫抵抗性トウモロコシの商業栽培を推進する」と発言したというのです。

中国国内におけるトウモロコシの用途は、家畜の飼料と工業用で85％程度を占め、残りが主食用です。近年は肉の消費量が増えたために輸入量が急増し、輸出余力はないと言われています。ただ今後、形を変えて日本へ流入する可能性はゼロではありません。日本は、異性化糖やコーンスターチなどの原料となるトウモロコシの輸入依存度が高いからです。

異性化糖は、ぶどう糖の一部を果糖に転換（異性化）したもので、砂糖液と同程度の甘味度があります。現在、その原料は90％以上が米国産で、ほとんどが遺伝子組み換えトウモロコシです。コーラ、フルーツジュース、清涼飲料、ドレッシング、アイスクリーム、ケーキ、缶詰、漬物、スポーツドリンク、ジャム、佃煮、練製品等々。必ず「ぶどう糖果糖液糖」か「果糖ぶどう糖液糖」と表示されています。この2つを総称したものが異性化糖です。すでに、かなりの量の遺伝子組み換えトウモロコシが異性化糖に化けて日本の食卓に上っているわけですが、中国産トウモロコシが米国産に取って代わる日が来ない保証はありません。

さらに、すでに中国から輸入している味噌や醤油の原料となる大豆の商業栽培が解禁されると、日本は中国産遺伝子組み換え作物にさらされることになるのです。

中国はこれまで、米やトウモロコシなどの主食用作物の商業栽培には慎重な姿勢を示してきました。しかし、違法な栽培が米だけではなくトウモロコシでも表面化しているのが中国です。これに追随するかのようにトウモロコシの商業栽培が解禁されると、「遺伝子組み換えイネも」「遺伝子組み換え大豆も」となりかねない局面にあるのです。前述した中国農業部高官の発言から類推すると、その日は近いのかもしれません。

第4章　幼い命を脅かす中国製子ども用品

1、世界中を震撼させる危険な中国製品

●EUが摘発した危険製品の62％は中国製

「Made in China」（made in PRC）への不安感が世界中を襲っている。

２０１６年４月、ＥＵ（欧州連合）は、危険製品通報制度「ラペックス（ＲＡＰＥＸ）」に基づき、販売に適さない玩具や衣類、電気製品、アクセサリーなど約２１００件をリストアップしました。そのうち、62％が中国製でした。危険製品で最も多いのは玩具で、全体の27％を占めています。次いで衣類の17％、以下、自動車、電気製品、アクセサリーなどとなっています。危険とされた原因は、化学物質による健康被害のリスクがトップです。次いで、けが、窒息、感電、発火の恐れがあるというものです。

■子ども用パジャマ

例えば、**中国製子ども用パジャマには、世界的に使用禁止になっているアゾ染料が使用されていることから、欧州委員会ではがんなどの疾病を引き起こす可能性があると指摘しました。**

危険製品と指摘されたパジャマは、可愛い動物のイラスト入りです。日本でも可愛い動物のイラストがプリントされた中国製パジャマをスーパーや１００均ショップでたくさん見かけますが、イラストの可愛さに惑わされると、お子さんが思わぬ健康被害に遭う可能性がありますから、購入を控えた方が賢明です。

■スケボー（ホバーボード）

また、ここ数年、若者の間でブームになっている電動スケボー（ホバーボード）ですが、**中国製電動スケボーには突然、発火したり、爆発するものがあると、欧州委員会は指摘しています。**

電動スケボーによる発火事故は欧州だけではなく世界中で起きています。米国ルイジアナ州では、置いてあった電動スケボーが突然爆発、一軒家が全焼、英国ロンドンでは寝室にあった電動スケボーが爆発、窓から住人が脱出するという騒動がありました。香港では地元メディアが２０１５年12月、香港の公営マンションに住む家族が、中国・深圳《シンセン》で購入した電動ホバーボードを充電したところ爆発、室内を全焼したと報じました。また発火・爆発を起こしている製品の多くは、中国企業が製造している粗悪な模倣品だといいます。

日本でもネット通販でこれらの粗悪品が販売されていますので、注意が必要です。

欧州委員会でも、ネット通販の普及から、危険な中国製品が消費者に直接届くようになっていると指摘しています。ネット通販では直接製品を確認できないだけに、購入する際は製造国、販売者のチェックは念入りにすることです。

欧州委員会の危険製品通報制度には、ＥＵ加盟28カ国とノルウェー、アイスランド、リヒテンシュタインが参加しています。２０１６年も、ほぼ２０１５年と同様の通報件数で、危険製品に占める中国製品の割合は62％と、２０１５年の67％とほぼ同じでした。中国製品の危険性はほとんど解消されていないとみるべきです。

●最も安全であるべき玩具も、中国製が危険製品のトップ

危ない製品が最も多いのは中国製玩具です。欧州委員会の女性委員は、２０１５年の記者会見で「母親、そして祖母としておもちゃの中に有害な製品が多数あるのは憂慮すべきことだと考えている。子どもに与えるおもちゃには十分気を付けてほしい」と、述べました。国は違えども、子を持つ親の思いは同じです。しかし、２０１６年も変わらず危険製品のトップは中国製玩具です。

中国製玩具の危険性は、以前から世界各国で大きな問題になっています。米国では、２０１３年11月には中国製の玩具が20万体、水際で米国税関により押収されています。子ども向け人形の玩具から、子ども用製品には使用が禁止されている化学物質のフタル酸エステルが検出されたためです。

フタル酸エステルはラットやマウスを用いた慢性毒性・発がん性試験で肝細胞腫瘍が認

められ、国際がん研究機関（ＩＡＲＣ）は、「人に対して発がん性の可能性がある」２Ｂクラスに分類しています。フタル酸エステルは、塩化ビニル樹脂をやわらかくする可塑剤として主に使用されている化学物質です。発がん性のみならず、ラットやマウスの妊娠期間中の暴露《ばくろ》実験では、生存胎仔数の減少や奇形の発生率の増加が見られた、エストロジェン（卵胞ホルモン）作用などを示す内分泌攪乱《かくらん》物質（環境ホルモン）です。こうした有害な化学物質が子どもの使う玩具にも野放し同然に使われているのですから、怖いことです。

■脳の発達に影響を与える鉛

中国製玩具の危険性が世界的な問題になったきっかけは、鉛です。鉛は発がん性のほか、子どもが体内に取り込めば脳の発達などに深刻な影響を与え、ＩＱ（知能指数）を低下させます。また、神経系の障害を引き起こし、発育遅延などを起こします。それが、世界各国で販売されている中国製玩具から、国際的な安全基準値（製品中の鉛含有率０・０６％）を超えて相次いで検出されたのですから、世界中の親たちに衝撃が走ったのは当然です。

とくに、大きな衝撃を与えたのが、2004年8月に米国で起こった「史上最大の回収」と呼ばれた出来事でした。米国で販売されていた中国製玩具「おもちゃの宝石」から鉛が

検出され、なんと1億5000万個もの玩具が販売業者によって自主回収されたのでした。日本でもこの「おもちゃの宝石」は、ネットなどで販売されていました。

この「史上最大の回収」事件以降も、中国製玩具の鉛汚染は続きます。

２００５年に東京都生活文化局の調査で、市販されている中国、台湾、韓国製の「子ども向けアクセサリー」など76品目中、47品目で基準値を超える鉛が見つかりました。**鉛を含有していた47品目中、32品目が鉛含有率50％を超え、なかでも最悪の玩具は中国製で、含有率91％と基準値の1000倍以上**というひどさです。これは、もう犯罪です。**鉛が基準値を超えていた「子ども向けアクセサリー」は、ブローチ、ネックレス、ヘアピン、携帯ストラップ、ブレスレット、イヤリングなど**ですが、幼児などは、なんでも口にします。

しかも、幼児の鉛を体内に吸収する力は、成人の５倍もあります。幼児がなめたり、口にくわえたりする玩具として、こんな危険なものが販売されていたのですから、唖然とするばかりです。

2007年には米国で中国製玩具「機関車トーマス」から鉛が検出、150万個がリコールされました。

２００９年に米国政府は、この「機関車トーマス」を販売した米国の会社に罰金

2億4千万円の支払い命令を通告しました。これを受けて中国政府は、製造工場に輸出禁止命令を出しました。日本で危険な中国製品が摘発されても中国政府は知らん顔ですが、米国政府が動くと、すぐに対応するのですから、日本政府も軽んじられたものです。

中国製玩具の危険性が問題になるまで、日本では、乳幼児用玩具を食品衛生法で「乳幼児が接触することにより、健康を損なうおそれがあるもの」として、重金属、ヒ素などを有含する添加物などの使用を規制していました。しかし、玩具には材質制限があり、縫いぐるみなど繊維質の玩具やアクセサリー玩具、知育玩具、組み合わせ玩具、ぜんまい式、電動式の乗り物玩具などは規制の対象外でした。その規制対象外の中国製玩具から続々と鉛が検出されたのです。

こうした事態から、**日本では2009年に食品衛生法を改正し、玩具の材質制限を撤廃することで、中国製玩具も規制対象にしました。同時に人体に深刻な悪影響を与える鉛、カドミウム、ヒ素の基準値（溶出量）を定めました。**

基準値が定められた玩具は、次の通りです。

・乳幼児が口に接触することを本質とする玩具（おしゃぶり、歯がため、おもちゃの吹奏楽器類など）。

・アクセサリー玩具、うつし絵、起き上がり、おめん、折り紙、がらがら、知育玩具、

つみき、電話玩具、動物玩具、人形、粘土、乗物玩具、風船、ブロック玩具、ボール、ままごと用具。

・玩具と組み合わせて遊ぶ玩具。

基準値（溶出量）は、鉛が90㎍（マイクログラム）／g 以下（金属製アクセサリー玩具、玩具に使用される塗膜）、カドミウムが75㎍／g 以下（玩具に使用される塗膜）、ヒ素が25㎍／g 以下（玩具に使用される塗膜）と定められました。

食品衛生法が改正され、玩具の鉛規制等が敷かれたことで、国内で市販されている中国製玩具から鉛が検出されるケースは激減しました。しかし、鉛に替わって、今度は生殖機能に悪影響を及ぼす内分泌攪乱《かくらん》物質の問題が浮上しているのです。フタル酸エステルの検出です。中国製玩具が相変わらず危険であることを肝に銘じておきましょう。

とは言え、世界の玩具の60％が中国製で、日本では90％近くの玩具が中国製という現状下で、中国製でない玩具を探すのは、正直なかなか大変です。そこで、**もし、中国製玩具を購入するなら、最低限、「玩具安全（ST）マーク」が付いたものにすることです。**これは社団法人・日本玩具協会の指定機関が、検査に合格した玩具にマーク表示しています。日本玩具協会によりますと、食品衛生法の基準より厳しいものになっているといいますから、信用して良いと思います。

2、ベビー服、子ども服が危ない

●高濃度のホルムアルデヒドを検出

ホルムアルデヒドは、接着剤などに多く使われる有機化合物です。その水溶液はホルマリンと呼ばれます。低濃度でも粘膜を刺激し、その気体は呼吸器系、目、のどなどの炎症を引き起こす恐れがあり、シックハウス症候群の原因物質の一つとされています。大量にホルムアルデヒドの気体を吸い込むと、小児白血病を誘発する危険性もあります。また皮膚がんなど発がん性の指摘もされており、国際がん研究機関（ＩＡＲＣ）では、「人に対して発がん性がある」というグループ1の物質に分類しています。

子どもの成長の早さには本当に驚かされますが、親御さんの悩みが子ども服でしょう。

私も娘が小学生低学年のころ買った子ども服が、半年も経つともう小さくなって着られなくなってしまうのにはまいりました。子ども服は大人の服と値段も大して違わないのに、半年くらいしか着られないのですから、大変な出費でした。小さなお子さんを持つ親御さんは同じような苦労をしていると思いますが、いくら安いからといって、**中国製の子ども服だけは、買うのをやめるべきです。低濃度でも人体に悪影響を及ぼすホルムアルデヒドが高い濃度で、たびたび検出されているからです。**

ホルムアルデヒドは主に接着剤や合成樹脂に使用され、壁紙に使われている接着剤などから蒸発した気体が室内の空気を汚染、シックハウス症候群を引き起こしますが、衣料用にも広く使われています。衣替えをすると、「ナフタリン臭い」と、よく言われますが、衣料用防虫剤にも使われます。また、生地にハリをもたせるためや漂白加工にもホルムアルデヒドは利用されています。

子ども服のなかでも、とくに注意が必要なのはベビー服です。ベビー服は生後24カ月以内の乳幼児用を指しますが、ホルムアルデヒドは検出されてはいけないことになっています（「有害物質を含有する家庭用品の規制に関する法律」検出限界値16ｐｐｍ）。子ども服（大人用も同じ）は75ｐｐｍ以下の規制値ですが、ベビー服は、「赤ちゃんがなめる」「アレルギーの恐れ」「赤ちゃんの皮膚の感受性が高い」ことなどから、非常に厳しく規制されています。ベビー服として規制の対象となるのは、おしめ、おしめカバー、ヨダレかけ、帽子、寝具（枕、布団、毛布等）、下着（肌着、パンツ等）、寝衣（ねまき、パジャマ等）、手袋、くつ下、中衣（Tシャツ、ブラウス等）、外衣（セーター、ズボン等）です。
日本の繊維製品の90％は輸入品で、その多くは中国製です。子ども服もブランドは日本メーカーでも、製造工場は中国というのが大半です。

中国製子ども服の危険性が大きな問題になったのは、2007年にニュージーランドで販売されていた中国製子ども服から、WHO（世界保健機関）が定める安全基準値（乳幼児用16ppm）の900倍という高濃度のホルムアルデヒドが検出されたことからです。ホルムアルデヒドは、輸送中にカビやしわが子ども服に発生するのを避け、見栄えをよくする目的で使われていました。緊急調査を行なったニュージーランド政府のクラーク首相は、「製品が基準を満たしていなければ、政府はただちに（輸入や販売を）禁止する」と、テレビ番組で明言したほどです。

こうした事態を受け、中国の広州市政府機関は、子ども服のホルムアルデヒド含有量調査を大々的に行ないました。WHO（世界保健機関）が定める安全基準値より900倍も高い濃度のホルムアルデヒドが検出され、国の内外からの批判の高まりに対応せざるを得なくなったのでしょう。しかし、広州市政府機関による調査結果は、ますます中国製子ども服への不安を強めるものとなりました。ホルムアルデヒドの安全基準値を大幅に超える子ども服が続出、安全基準値を満たしたのは66・７％にすぎなかったのです。

●日本でも販売されていた汚染子ども服

ニュージーランドや中国国内で販売されていた高濃度のホルムアルデヒドに汚染された中国製子ども服は、日本でも販売されていました。２００８年に中国製Tシャツによる乳幼児の皮膚障害が発生しています。２００９年には、中国製乳幼児衣類から基準（16ｐｐｍ以下）を超えてホルムアルデヒドが検出されました。２０１２年に国民生活センターが行なった乳幼児・子ども用衣料品43銘柄についてのホルムアルデヒド溶出量テストでは、２銘柄が、乳幼児基準をオーバーしていますが、いずれも中国製でした。

日本に輸入される際、子ども服にホルムアルデヒドなどの有害物質が含まれているかど

うかの検査は行なわれていません。

消費者は輸入業者や販売企業の自主検査を信用するしかありません。その自主検査でも、ホルムアルデヒドがベビー服から検出され、たびたび自主回収が行なわれています。

２０１５年９月、ベビー用品などの通販サイト「赤すぐ」限定で販売されていた中国製ベビー服から、ホルムアルデヒドが検出され、「赤すぐ」は自主回収を行ないましたが、これはあくまでも、氷山の一角でしょう。販売メーカーでは、中国工場への管理指導は徹底して行なっているといつも言いますが、**ホルムアルデヒドは倉庫での保管中でも船便での輸送中でも、他の製品から移り汚染されます。**ホルムアルデヒド規制が徹底せず、中国中にホルムアルデヒドに汚染された製品が氾濫している状態ですから、自社工場だけを管理しても限界があります。

●子ども服から有害物質が続々検出

中国製子ども服の危険性は、ホルムアルデヒドばかりではありません。

2013年に国際環境NGOの「グリーンピース」が、中国最大の子ども服生産拠点（福建省石獅市など）から出荷されている85枚の子ども服を購入、検査しました。石獅市などで生産された子ども服は、国内市場のほか、日本を含むアジア、ヨーロッパ、アメリカ、カナダ、中東、アフリカなど世界各地に輸出されています。子ども服は完全に中国が世界の工場になっているのです。

グリーンピースが検査した85枚の子ども服のうち、半数以上から有害物質のノニルフェノール、9枚からアンチモン、2枚からチタン酸エステルが検出されたのです。ノニルフェノール、チタン酸エステルは内分泌攪乱《かくらん》物質（環境ホルモン）で生殖機能への悪影響、アンチモン化合物は皮膚への刺激性があり、脱毛や鱗片状皮膚を起こす恐れがあるという化学物質です。

また、2008年に、中国国内で販売されている子ども服からは、広州市当局の抜き打ち検査で、発がん性物質の「アゾ染料」が検出されたと、中国の『南方日報』は報じています。

アゾ染料は、長期間皮膚と接触すると体内に吸収され、発がん物質の「芳香族アミン」を生成する有害な染料で、国際的に使用禁止になっています。

それが堂々と、子ども服に使用されているのですから、怖い限りです。

中国製子ども服からホルムアルデヒドのみならず、アゾ染料のような有害化学物質が続々と検出されている最大の原因は、中国国内の安全基準の緩さと、その甘い安全基準でも守られないという管理監督システムの欠陥にあります。

中国では、2003年に国家繊維製品基本安全技術規範が制定され、繊維製品の規制がなされています。しかし、ホルムアルデヒドだけをみても、乳幼児用製品基準値が20ppm以下（国際基準は16ppm以下）と、緩いものになっています。

有害物質の管理監督を行なう中国国家工商行政管理総局（SAIC）の依頼で、市場試買調査（2009年）を行なった中国紡織科学研究院（CTA）によると、ホルムアルデヒド規制値をオーバーしたのは0・2％以下で、10年前の5～10％に比べて著しく改善しているといいます。しかし、同時期に行なわれた広州市当局の調査では、ホルムアルデヒドの安全基準を満たした子ども服は66・７％にすぎないという結果になっています。どうも中国中央政府の調査結果は、高まる海外批判をかわすための恣意的なものと思われます。

ホルムアルデヒド以外の有害物質についても、一応、規制はあるものの実態は野放し同然です。２０１３年に北京市の消費者団体は、子ども服の38％が品質基準（中国国内）に達していないとの調査結果を報告しました。２０１３年に中国製子ども服の有害物質残留を調査した国際環境ＮＧＯグリーンピースは、中国政府に２００７年に制定された有害物質規制関連法案の速やかな実施を要請しました。グリーンピースによると、制定された有害物質規制関連法案は「政策者の引き出しの中にしまったまま」だといいます。

●お子さんを被害から守るために

日本で販売されている子ども服のうち中国製は70%以上を占めます。少し手間がかかりますが、表記をよく見て「中国製」「Made in China」でないものを探しましょう。その際、気を付けなければいけないのは、2、3年前から中国製品に「Made in PRC」の表記が増えていることです。PRCとは「People's Repubulic of China＝中華人民共和国」の略ですから、惑わされないようにして下さい。また、ホルムアルデヒド対策として、一度水洗いしてから使用すれば安全とされていますが、形状記憶シャツの場合は、水洗いしてもホルムアルデヒドは除去できませんから、注意が必要です。

また、中国製子ども服でとくに警戒しなければいけないのは抗菌加工を施したものです。抗菌剤に、強い発がん性や変異原性（突然変異を引き起こす性質）を示す化学物質が高濃度で使用されている製品があります。なかでも、抗菌剤にトリクロカルバンを使って加工された子ども服は、絶対に着せるべきではありません。中国製子ども服を購入するときは、メーカーに抗菌剤の主成分を問い合わせることです。

3、100均ショップの子ども用化粧品が危ない

●子ども用化粧品に注意！　後で泣かないために

都内のある大学病院皮膚科の医師がこう言っています。

「最近、患者さんを見てつくづく思うのは、15、16歳の女性の顔の肌の変化です。皮膚の張りがなくなり、中高年のようにカサカサの肌になっています。老化がすでに始まっているのでしょうね」

皮膚科医によると、そうした患者の多くは小学校低学年の頃から化粧をしていた子が多いといいます。

最近、化粧の低年齢化が非常に目立っています。小学校低学年で化粧をする子も珍しくありません。街中では茶髪、ピアス、マニキュア、メイクとテレビアイドルと同じような化粧をした子をたくさん見かけます。「100均ショップ」に行けば、中国製の「プチプラ」（プチ・プライス＝低価格）化粧品が氾濫しています。ファンデーション、口紅、アイシャドー、チークなどの化粧品が、小遣いでも気楽に買えるとあって、いつも多くの子どもたちで賑わっています。

皮膚科に来ている15、16歳の患者もこうした化粧品を小中学生の頃によく使っていたということです。新陳代謝が最も活発な小中学生の頃は、皮膚細胞も常に若々しい。皮脂の分泌も盛んでそのためニキビもできるのです。皮膚の健康にとって一番大切な時期に、何種類もの化学物質を混ぜ固めた化粧品を塗っているのですから、15、16歳というミドルティーンの若さで肌の老化が始まってしまうのです。

皮膚の老化が始まってしまった今の15、16歳の子たちが、化粧を始めた小学校低学年の頃、東京都が子ども向け化粧品・染毛剤の安全性に関する調査を行なっています（2008年東京都生活文化局）。

調査の結果、12歳以下で化粧経験がある女の子のうち2・2％に皮膚障害の被害があっ

たことが判明しています。

大学病院皮膚科に治療のため来院している15、16歳の女の子も、この2・2％の中に含まれていたのでしょう。

調査結果を踏まえ、都は①子ども用化粧品は大人用化粧品と成分は同じであるから、取り扱いに注意すること②子どもの染毛剤の使用は止めること、などを保護者に注意喚起しました。併せて、一度アレルギーが出ると次に同じ症状が出る危険性が高くなることも指摘しました。

しかし、中国製子ども向け化粧品の危険性にはとくに触れていません。もちろん、国内の化粧品にも合成界面活性剤など危険な化学物質が使われているものがありますが、中国製子ども化粧品には、思わず「え、まだこんな化学物質が使われているの」と声をあげてしまうケースが多すぎるのです。中国製子ども向け化粧品の危険性を都が指摘しないのは、おかしなことです。

●化粧品公害の原因物質が今も使われている

日本は過去、化粧品公害ともいわれた大きな被害に遭っています。全国で健康被害者が続出した顔面黒皮症事件というものがそれです。1970年代に入って、全国で顔面が黒く変色してしまった女性が相次いだのです。被害者は潜在的に100万人を超えたと言われています。原因は化粧品に添加されていた合成界面活性剤、合成着色料、防腐剤、保湿剤などの化学物質です。

被害者たちは集団で国内の大手化粧品会社を訴えました。「大阪顔面黒皮症裁判」と言われる裁判は、1977年から4年間争われ、1980年に裁判上の和解となりました。和解といっても実質的に原告・化粧品被害者側の勝利でした。

化粧品被害者（原告団）のひとりの主婦（当時41歳）に取材したことがありますが、そのときのことを今でも鮮明に覚えています。その主婦は、待ち合わせの喫茶店に顔半分が隠れる深い帽子を被って来られました。帽子をとると顔には黒いシミが一杯に広がっていました。顔面黒皮症を初めて見て、唖然とするしかありませんでした。主婦は言いました。「もう地獄のような毎日です。まさか化粧品でこんな目に遭うなんて思ってもいませんでした。皮膚科に行って治療してもまったく良くなりません。ただ、ノーメークでいると少しは良くなっていきます。でも、シャンプーやリンスを使ってもまた元の状態に戻ってしまうのです」。合成界面活性剤など、シャンプーやリンスにも化粧品と同じ成分が含まれているため、せっかく治りかけたのにぶり返してしまうのです。

顔面黒皮症の被害者は小学生低学年から化粧をしていたわけではありません。それでも取り返しのつかない被害にあったのです。

１００均ショップで売られている中国製子ども用化粧品には、顔面黒皮症の原因となった、合成界面活性剤や合成着色料が依然として使用されています。

今、健康被害が出ていなくても、何年か後には、肌がぼろぼろになって泣いている少女たちの姿が目に浮かびます。

お父さん、お母さん、愛するお子さんに１００均ショップの子ども用化粧品の使用だけはすぐにやめさせて下さい。

●化粧品に発がん性物質や環境ホルモン

今、手や足の爪をネイルしている子どもも珍しくありません。100均ショップに行くと、マニキュア売り場に少女たちが群がっています。中にはどう見ても小学生という子もいますし、男の子も見かけます。ネイル（シールも含めて）を禁止している小中学校も少なくありませんが、ネイルの是非はともかく、100均ショップのマニキュアは発がん性物質や生殖機能に悪影響を及ぼす可能性のある内分泌攪乱《かくらん》物質（環境ホルモン）が使われている恐れがあります。

2015年10月、100均ショップチェーンの「ザ・ダイソー」（大創産業が展開）が、発がん性物質で化粧品への使用が禁止されている化学物質ホルムアルデヒドが検出されたとして、１４８種類のマニキュアの販売を中止、自主回収しました。自主回収された１４８種類のマニキュアは中国製で3カ月前に新発売されたものでした。しかし、ダイソーによりますと、自主回収されるまでに、「指が腫れた」「爪が変色した」などの苦情が数十件、寄せられていたといいます。なぜ、発売前に検査を徹底して行なわないのでしょうか。中国製ならなおのことです。健康被害が出てからでは遅いでしょう。子どもでも分かることを出来ない企業に、子ども用製品でビジネスをしてほしくないものです。

中国製マニキュア騒動は、出版界にまで波及しました。子ども用雑誌の付録は子どもにとってワクワクするものですが、そんな子どもの気持ちは裏切られました。

２０１６年2月、講談社と集英社は付録のマニキュアから発がん性物質のホルムアルデヒドが検出されたため、付録マニキュアの回収に踏み切りました。マニキュアはどちらも中国の工場で生産されたものだといわれます。

集英社が回収したのは、２０１５年に発売された『りぼん』（8月号）の付録「シャイニーネイルカラー」、講談社は２０１４年11月号『おともだちピンク』付録の「ピンクマニキュア」、２０１５年1月号『なかよし』付録の「グリッターネイル」です。また発売前だった『たのしい幼稚園』2016年4月号も，付録にマニキュアを予定していたため発売中止にしました。それにしても、幼稚園児対象の雑誌にマニキュアが付録というのは、編集部の良識を疑います。

4、中国製抗菌せっけんに注意！

●抗菌せっけんは免疫システムを低下させる

2016年9月、FDA（米食品医薬品局）は、抗菌剤のトリクロサン、トリクロカルバンを使った抗菌せっけん（薬用せっけん）の販売を禁止すると発表しました。「通常のせっけんと比べて優れた殺菌効果があるとは言えず、健康に悪影響を及ぼすリスクがある」というのが、その理由です。要するに、抗菌せっけんは「百害あって、一利なし」というわけです。

日本では「薬用せっけん」の名称でテレビCMでも盛んに宣伝されているミューズが良く知られています。病院や幼稚園の手洗い場でもよく見かけますが、細菌の増殖を抑える効果がないばかりか、健康に害があるというのですから、驚きです。

薬用せっけんの場合は、手洗いしたらほとんどは水で流れてしまいますが（もちろん皮膚から抗菌剤は吸収されます)、抗菌加工された子どもの下着などは、何時間も肌に接触していますから、せっけん以上に深刻な問題と言えます。

では、「トリクロサン」「トリクロカルバン」の及ぼす人体への悪影響は、どのようなものなのでしょうか。

トリクロサンは、2012年にカリフォルニア大学デービス校の研究チームが、「筋力を低下させる」と、報告しています。また、紫外線や微生物によって発がん物質のダイオキシンに分解される危険性が指摘されています。さらに、マウスの実験では「肝硬変」や「肝細胞がん」が発症しやすくなるという結果が出ています。

トリクロカルバンは、米国立環境衛生科学研究所によると、甲状腺や女性ホルモンのエストロゲン、男性ホルモンのテストステロンなどの機能に悪影響を与えることが分かっています。

病原性大腸菌O157、インフルエンザウイルスなどの感染予防対策として、抗菌剤入りの薬用せっけんは急速に普及しましたが、FDAは、「通常のせっけんと流水で洗うことは疾病を予防し、感染拡大を防ぐ上で最も効果的な方法の一つだ」と、しています。

トリクロカルバンは、衣類の抗菌加工にも広く使われていますが、少なくとも、子どもの服への使用は禁止にすべきです。長時間肌に直接触れる下着、Tシャツも抗菌加工されたものが多くなっています。ほとんどが中国製で、抗菌剤の主成分にはトリクロカルバンが使用されています。

最も懸念されるのは、子どもの成長過程で作られる免疫システムへの悪影響です。抗菌剤などの有害化学物質は皮膚からも吸収され、体内に蓄積されていきます。

これが非常に怖いのです。口から摂取した有害化学物質は、吸収された後に肝臓を経由するため、その解毒作用で若干影響力が弱まるとされています。それに対して、皮膚から有害化学物質が吸収されると、肝臓で解毒されません。解毒されない有害化学物質の一部は皮下組織に溜め込まれ、血液の流れに乗って徐々に全身を回り、長時間にわたって少しずつ排泄されていくことがわかっています。その間に新しい有害化学物質が排泄より速いペースで皮下組織に溜まっていきます。

こうして蓄積された有害化学物質・抗菌剤は大腸に存在する常在菌（善玉菌）を殺してしまいます。免疫システムを作るのには常在菌が不可欠です。その常在菌が減少してしまうのですから、免疫システムを十分に構築できません。免疫システムが不十分になれば、

細菌、ウイルスに感染するリスクは高まるばかりです。近年、30〜40代になって突然、花粉症、アトピー性皮膚炎などのアレルギーになったというケースが目立ってきています。原因は体内に蓄積した有害化学物質の影響で免疫機能が低下したためといわれます。

ネット通販を覗くと、少女用ブラジャーも抗菌加工してあるのがほとんどです。中国製の表示はありますが、どんな薬剤で抗菌加工してあるのかは未表示です。しかし、トリクロカルバンで抗菌加工がされているのは間違いないはずです。いずれ、せっけんだけでなく、化粧品、衣類などにもトリクロカルバンの使用は禁止になるはずです。それを見込んで、中国製の抗菌加工した子ども服が激安価格で大量に出回る可能性がありますので、くれぐれも激安価格に惑わされないようにして下さい。〝安物買いの銭失い〟ですめばいいですが、将来のお子さんの健康まで失うことになりかねませんから。

5、中国製スマホケースで熱傷

●火傷のような人体被害が

ラメがキラキラ動く中国製の液体入りスマートフォンケースが原因で、火傷のような人体被害も起きています。このタイプのケースは約900～2500円で、インターネット通販で気楽に買えるので、若い女性に人気があるようです。しかし、中の液体に触れるとやけどのような症状を起こす恐れがあります。とくに、ベッドなどには持ち込まない方が無難です。睡眠中に液がもれ、思わぬ被害に遭うことがあるからです。実際、イギリスで9歳になる女の子が液体入りスマートフォンケースを持ったままベッドに入り寝てしまい被害にあったと、2016年4月21日のTBSニュースで報道されています。

報道によると、朝、激痛で目を覚ました女の子の腿は、赤く腫れ、スマホの形がくっきりと浮き出ていたといいます。診断の結果は、スマートフォンケースの液漏れによる化学熱傷でした。日本でも同様の診断をされた人が2年前くらいから出てきています。全国の消費生活センターに「スマートフォンケースから漏れた液体で火傷を負った」「皮膚がヒリヒリする」などの相談が相次いでいます。

国民生活センターでは、中国製スマートフォンケースへの相談が増えていることから、4つの中国製スマートフォンケースを調べてみました。その結果、液体は化粧品や医薬品にも広く使われている石油が原料の鉱物油と判明しました。鉱物油は石油からプラスチックなどを作る際に出る油のことで、化粧品に使われるワセリン、パラフィン、セシレンなどが良く知られています。国民生活センターで、4つのスマートフォンケースの液体を動物の皮膚につけて実験したところ、いずれも皮膚の炎症が確認できました。

4つの中国製スマートフォンケースのなかには、「人体に影響はない」と表示されているものもありました。専門家によると、液体が皮膚に付着している限りは、どんどん損傷が進行するといいます。スマートフォンケース中の液体が皮膚に触れたら、流水で洗い流すのが大事ということです。

それよりもなによりも、粗悪品が跋扈《ばっこ》している中国製には手を出さないことでしょう。

６、人形の中身は有害物質でいっぱい

●ぬいぐるみの中身にカップ麺の容器が

中国製ぬいぐるみのほとんどは、中綿にポリウレタンチップを使っています。中国製ぬいぐるみに使われているポリウレタンチップには、発泡スチロールや金属のかけらが混じっていることが多いので、安全面でも20年も前から問題になっていました。

小さなお子さんにとって、ぬいぐるみは何時でも一緒にいたい大好きな友達です。ぬいぐるみを抱いていないと眠れないというお子さんも多いはずです。私の娘も幼稚園に入る前から小学校3年生くらいまで、トラの可愛いぬいぐるみをいつも抱いて寝ていました。20年近く経ってもトラのぬいぐるみは、色は少しあせ、トラのヒゲはいつのまにか抜けてしまいましたが、型も崩れず、しっかりしたトラのままでした。

そのぬいぐるみは、近所のバザーに娘を連れて参加したとき、娘がすぐに気にいって抱きかかえたものです。その折、バザーの主催者の人から、「このぬいぐるみの中綿にはポリウレタンチップ（スポンジ）は使わず、白いポリエステル綿を使っていますから、いつまでも傷まないで長持ちしますよ」と、言われたのを覚えています。

ぬいぐるみの中綿にはポリウレタンチップか白いポリエステル綿のどちらかを使うことが多く、低価格品はほとんどが、価格が安いポリウレタンを詰めています。

しかし、ポリウレタンは空気や水分、微生物等に触れるとすぐに分解を始め、徐々に粉状になっていき、ぬいぐるみの生地を傷つけます。そのため、ポリウレタンチップを詰めたぬいぐるみの寿命はせいぜい３～４年と言われています。


中国製ぬいぐるみのほとんどは、中綿にポリウレタンチップを使っています。中国製ぬいぐるみに使われているポリウレタンチップには、発泡スチロールや金属のかけらが混じっていることが多いので、安全面でも20年も前から問題になっていました。

それが改善するどころか、9年前にはぬいぐるみの中綿に、汚れたカーペットの綿毛や、使用済みカップ麺の容器などゴミが使用されていたことが明らかになり、世界中の消費者の中国製ぬいぐるみへの不安は、ますます強いものになりました。

●人形から有害物質が基準の１４２倍も

ぬいぐるみだけではなく、中国製人形への不安も限界点に来ています。
小さくてカワイイ手のひらサイズのファッションドール「ブラウニー」は、世界中で人気を集めていますが、これにも中国製模倣品が世界中にはびこっています。模倣だけならまだしも、健康被害まで出る恐れがあるというのですから本当に許せる話ではありません。

２０１２年に韓国マスコミは、「ブラウニー人形」を模倣した中国製のシベリアンハスキーのぬいぐるみから、人体に有害な内分泌攪乱《かくらん》物質のフタル酸エステルが安全基準値の１４２倍という高い濃度で検出された、と報じました。これは、韓国知識経済部技術標準院（技標院）が、工業製品３９３点を対象に安全性調査を実施した結果、判明しました。

ブラウニー人形を含めて、21の中国製品から基準値を超える有害化学物質が検出、すべてにリコール命令が出されました。

技標院によると、中国製ハスキー人形の眉毛、舌、首飾りの部分でフタル酸エステルが基準値の48～１４２倍の濃度で検出されたといいます。この製品は韓国のＫＢＳ２ＴＶのギャグコンサート「チョン女子」コーナーに登場するブラウニー人形とそっくりなので、市中では本物と区別されないまま「ブラウニー」という名前で売られています。

技標院の調査では、偽ブラウニー人形のほか2種類の中国製おもちゃの乗用車からも、フタル酸エステルが高濃度で検出されました。また、制動装置がないため子どもがけがをする危険性がある中国製歩行器からも、フタル酸エステルが安全基準値の１５９倍も検出されています。

この他に、ゴム紐、ピン、ヘアバンドなど子ども向けの装身具では重金属の鉛が基準値の１６０６倍、カドミウムは13・６倍も検出され、貧血や中枢神経の障害などを誘発する危険があると、技標院では指摘しています。

また、結氷温度が基準値（氷点下25度）より高いため、冬場はドライバーの視野を妨害する恐れがあるという中国製自動車用前ガラス洗浄液、ロック装置がないため、落ちて怪我する危険が大きい中国製携帯用はしごも、リコール命令が出されました。

お隣の韓国で市販されている製品は間違いなく日本でも販売されています。知らずに購入しているかもしれません。身の回りをよく見て、これらの製品があるかないかをよく確認して下さい。もしあったら使わないで、処分することです。

7、未承認の中国製チャイルドシートが流通
―強度不足で安全性に問題―

●命を守るチャイルドシートが、子どもを危険にさらす

大切なチャイルドシートやベビーシートに、中国製の粗悪品が出回っているのです。そうした粗悪な中国製はネット通販中心にかなりの低価格で販売されています。
チャイルドシートは交通事故から幼児の命を守るためのものですから、シートの強度など国の安全審査を通った製品しか販売できません。当然、これらは安全審査を通っていない未承認のものです。

チャイルドシート（ベビーシート）は、車に赤ちゃんを乗せるときに必ず必要なもので

す。万が一の事故が起きたとき、赤ちゃんを守ってくれるのがチャイルドシートです。

２０００年4月から、６歳未満の乳幼児はチャイルドシート及びベビーシートを着用することが義務づけられました。着用していなければ違反となります。罰金は取られず反則点が1点です。しかし「交通規則だから」と、チャイルドシートを着用している親御さんは、ほとんどいないはずです。大切な小さい子どもの命を守るために着用しているはずです。ベビーシートやチャイルドシートを着用していないと、事故に遭った際、着用時と比べて死亡率は約4倍に高まるといわれています。

そんな大切なチャイルドシートやベビーシートに、中国製の粗悪品が出回っているのです。そうした粗悪な中国製はネット通販を中心にかなりの低価格で販売されています。チャイルドシートは交通事故から幼児の命を守るためのものですから、シートの強度など国の安全審査を通った製品しか販売できません。当然、これらは安全審査を通っていない未承認のものです。

日本自動車部品工業会（東京）の２０１６年の調査で、国の安全基準を満たさないチャイルドシートがインターネット上で数種類販売されていることが判明しましたが、国内の流通量は不明です。しかし、ネットを検索する限り相当の台数が出回っているのは間違いありません。

日本自動車部品工業会の調査では、正規品ではシートの大部分に強化プラスチックを内蔵していますが、未承認品では強化プラスチックを使わず布製だったり、ベルトの留め金も鉄製ではなくプラスチック製を使っているといいます。また、横方向から受ける衝撃を和らげるガードもないといいますから、危険この上ありません。

しかし、正規品の価格の半分以下というものが多く、購入する人はいるのです。販売業者は、未承認品であることをお客さんに知らせる責任があるはずです。事故が起きてからでは遅いのです。また、未承認品を使用した場合、運転手は道路交通法違反に問われることがあることを警察はもっと広報すべきです。

日本ブランドの正規品でも中国で製造されたものはかなりありますが、正規品を示す「Eマーク」の付いたものなら、まず心配ないでしょう。

もちろん、数は少ないですが、国内で製造されているチャイルドシートもありますから、万全を期すならそちらを選ぶことです。

8、中国製緊急車脱出用ハンマーは死を招く

●3回叩いても窓ガラスを割れない粗悪品

２０１3年11月に国民生活センターが行なった検査でテストした19製品のうち5製品が、3回叩いてもウインドーガラスを割ることが出来なかったことが分かりました。５製品はいずれも中国製でした。

最近の雨の降り方の異常さには、本当に怖さを感じます。

２０１６年９月20日の悲惨な出来事をニュースで見て、ますますそう感じるようになりました。ニュースが終わり、筆者はすぐに近くの量販店にある物を買いに走りました。それは車脱出用ハンマーです。ニュースは次のようなものでした。

〈20日午後6時半ごろ、台風16号の影響で冠水した愛知県清須市清洲田中町の県道で、ワゴン車が水没しているのを通行人の男性が見つけ、付近にいた警察官に通報した。車内から、運転していたとみられる女性（69歳）が救出されたが、意識不明の重体。その後病院で死亡した。警察によると、現場はJR東海道新幹線と東海道線の線路下をくぐる「アンダーパス」と呼ばれるくぼみになった道路で、台風接近に伴う大雨で冠水していた。発見時、ワゴン車は屋根まで水に漬かった状態だった。水深は3メートルほどに達していたとみられる。

道路を管理する愛知県尾張建設事務所によると、大雨警報が出た段階で委託先の建設会社が現場近くで警戒。水深が規制基準の15センチに達した数分後の同日午後5時ごろ、「進入禁止」の柵を置いて、前後300メートル区間を通行止めにした。

ところが、ワゴン車が規制区間内のアパート駐車場からアンダーパスへ向かうのを、規制作業をしていた建設会社の従業員が目撃し、110番したという〉

筆者の住む地区にも大雨が降るとたびたび冠水する「アンダーパス」と呼ばれる場所があります。小田急線のガード下の都道ですが、道路幅が狭い上に交通量が多いので、いつも渋滞しています。大雨が降るとすぐに10センチは冠水します。以前、突然、バケツをひっくり返したような雨が降ったとき、ちょうどそのガード下を通ったのですが、冠水でエンジンが水をかぶり急停止、立ち往生するという怖い目にあったことがあります。ニュースを見て、そのときのことが頭に浮かび、量販店に緊急車脱出用ハンマーを買いに走ったわけです。「アンダーパス」は全国に３５００カ所あるそうです。どこで「アンダーパス」に遭遇するか分かりません。異常気象の中、緊急車脱出ハンマーはドライバーにとって必需品になっているようです。

そんな思いで近くのホームセンターに行くと、防災グッズのコーナーに、金槌（本体を金槌のように握って使用）、ピックタイプ（グリップをピックのように握って使用）、ポンチタイプ（ヘッド部をウインドーガラスに押し当てて使用）と様々な緊急車脱出用ハンマーが販売されていました。価格も１００円〜３０００円台とバラバラ。自動車用緊急脱出ハンマーは交通事故や水没事故などで車内に閉じ込められたときに、ウインドーガラスを割って車外に緊急脱出するために使用する商品です。筆者は使いやすさを考えて、普段から使い慣れている金槌タイプで９９０円というのを購入して、車に置いておきました。

ところが、数日後、びっくり仰天です。

２０１３年11月に国民生活センターが行なった検査でテストした19製品のうち５製品が、３回叩いてもウインドーガラスを割ることが出来なかったということを、ネット上で知ったからです。5製品はいずれも中国製でした。なんと筆者が購入した製品もその中の一つに該当していました。3年前の性能テストですから、今は改善されているかもしれないと思いましたが、レシートを持ってホームセンターに行き返品、性能テストで問題のなかった日本製に買い換えました。3000円台と中国製の3倍の価格でしたが、命を守るための製品にお金を惜しんでは、「安物買いの銭失い」では済まなくなると、買うことにしました。それにしても、中国製品のひどさには怒りを覚えます。

コラム②「made in China」の、やっぱり！な話

●右靴だけが狭い・小さいが2度も

「世界の工場」の名を冠して経済発展を遂げてきた中国。日本のみならず、米国やEU諸国のメーカーもその実態は「made in China」というケースが少なくありません。このなかには、危害は起きていないものの「やっぱり中国産」と、消費者を落胆させる実例もあります。

東京在住で60歳代の男性Uさんは2016年の春先、安売りで定評のある量販店でスポーツシューズを買い求めました。米国生まれのブランド品でサイズは25・0cm。「made in China」の刻印が気にはなったものの、価格は3200円（税抜き）。他の製品より2～3割安く、それが購入の決め手になったといいます。ところが、まさかの現実が待ち受けていました。

「試し履きをしなかったのが失敗でした。翌日、履いてみると右靴が明らかに狭い。すぐにわかりました。それほどの違和感でしたからね。24・5cmか下手すると24・0cmではないか感じたほど。1時間も歩くと足が痛くなる。使い物になりませんでした」とUさん。

クレームとともに、店に返品を申し入れたのは当然。数日して代替品が届きました。ところが、開けてまず驚いたのは、丁重なお詫び状とともに送られてきた靴のサイズ。25・5cmだったからです。お詫び状には、25・5cmになった説明が綴られていたというが、納得する内容ではなかったという。ただ、Uさんは善意として受け取ることにしました。「同サイズの在庫がなく、狭い、小さいのならサイズアップすれば問題はないと店側が考えた」と判断したからです。この善意はしかし、靴を履いた瞬間に見事に打ち砕かれ、再び驚かされることになったのです。

「25・0cmの時と同じで右靴が狭い。これも履いた瞬間に実感できました。左靴は全く問題ない

のに右靴だけがおかしい。この時は右がやはり24・5cm程度に感じられましたね。1時間も履いていると足先だけではなく、右の臀部が凝り始めたので履くのを止めました。お詫び状には『不具合があれば申し出てください』とありましたが、面倒なので、いまは踵部分を潰してサンダル替わりに使っています」と証言するUさんが、こう続けます。

「靴の製造工程はよくわかりません。でも、工場では製造管理もあるでしょうし、出荷前の検品もするはずです。右靴だけが狭い、小さい。これが1度ならレアケースでしょうが、2度ですよ。製造工程や管理に何らかの手抜きがあったとしか考えられません。何が世界の工場だと思いましたね」

それとともに、Uさんが肝に銘じた諺は「安物買いの銭失い」だったそうです。

●イタリアでは靴から六価クロム

中国製の靴がイタリアでは社会的事件に発展したことがあります。中国製の偽ブランド革靴から使用禁止の発がん性物質が検出され、イタリア警察は有毒革靴を170万足押収した事件で、2008年に関係者が摘発されました。

問題の革靴から検出されたのは六価クロム。極めて強い毒性を持つ化合物で、皮膚に付着した状態を放置すると皮膚炎や腫瘍の原因になるだけでなく、多量に肺に吸入すれば呼吸機能を阻害し、長期的には肺がんに繋がるといわれています。ちなみに、有毒革靴は中国で製造していたが、「イタリア製」となっていたといいます。

なんともはや、これが中国です。

第5章　身の回りに氾濫する恐怖の中国製品

――ベッド・家具類・布団・花ゴザ・自転車・医薬品・化粧品・食器類など

●中国製家具・寝具で頭痛、めまい、吐き気、呼吸困難…

家具専門の量販店が木製の中国製ベッドを低価格で大々的に販売し始めたのは2003年頃からですが、輸入量が増大するのに伴い、「塗料のにおいがきつく頭痛や鼻づまりの症状が出た」「目がチカチカしてめまいがするようになった」などの訴えが、全国各地の消費者センターに寄せられるようになってきました。

2008年になって、大手マスコミも中国製ベッドの危険性を報道し始めました。2008年1月、厚生労働省から、中国製組み立て式ベッドの使用によって、アレルギー性の気道炎や蕁麻疹《じんましん》などを発症した事例が報告されたからです。また、国民生活センターが、2008年5月から9月にかけて、木製ベッドから発生する化学物質等についての試買テストを行なった結果、中国製ベッドから高い濃度で発がん物質のホルムアルデヒドが放散していることが明らかになったことも、報道に拍車をかけました。

その国民生活センターの報告書（２００８年10月）には、次のような木製ベッドによる被害事例が紹介されています。中国製かどうかはっきりしない事例もありますが、健康被害が出るほどのホルムアルデヒドを放散するのは、中国製と判断して間違いはないと思います。

「中国製の組み立て式ベッドを購入したところ、昨日、２つの梱包で配達された。そのうちの1つのダンボールを配達業者が外して持ち帰ってくれた。部屋の中に置いていたが防腐剤のようなにおいが強く、隣の部屋までにおい、置いているだけで頭痛がするので外の物置へ移した。このベッドに寝ることはできないので、返品したい」（神奈川県・40歳代女性）

「大手家庭用品店で購入した木製ベッドからきついにおいがし、娘が寝たら頭痛がするという。中国製だが、大丈夫か」（奈良県・60歳代女性）

「子どもにアレルギーがあるため、インターネットでホルムアルデヒド等の使用が少ない木製二段ベッドを見つけ、業者に電話したら『エコ塗装。大人が4人乗っても大丈夫』と説明された。5日前に届き2階で開封したが、強い刺激臭があり窓を開けても消えない。頭痛がして2階に上がれないし、夜になると子どもが喘息のような深い咳をするようになり、使えないので業者に電話したが『木のにおいだろう』と言われた」（岡山県・40歳代女性）

「ひとり暮らしの息子が通販でベッドを購入、配達が引越し当日だったので、転居先に自分も手伝いに行っていて、開梱、組み立てを手伝ったが、頭痛、吐き気がして、部屋に置いておけないほどであったので、アパートの共用部分である廊下に置いてある。すぐに業者に電話したら同じ苦情がその日に3件あり返品を受けるので翌日引き取りにくると言われた。約束の日に業者が来なかったので、息子は返品できないと諦めているが、処分してしまった方がいいいか」（千葉県・50歳代女性）

「カタログを見てシングルベッドを注文。2週間程度このベッドに寝ていたが、咳き込みが続き、現在は寝室に入っただけでにおいがきつく、気分が悪くなるため別室で寝ており、通院している。販店は、新しいベッドと交換するというが、その品のにおいを購入前に確認はできないと言う。それではまた同様のことが起こりうるので困る」（神奈川県・40歳代男性）

「14日前に夫用のベッドが届いた。その日から夫が使用しているが、咳がひどくなり夫は病院に3回行った。ベッドは1階の居間に近い部屋に置いているので、私にも鼻水がでる等の症状が出て病院に行った。ベッドは無臭だが、ベッドが来てから体調が夫婦共に悪く、ベッドを撤去してからは症状が夫婦共に和らいだ」（大阪府・60歳代女性）

こうした木製ベッドによる健康被害の原因は、合板の接着剤などに使われているホルムアルデヒドが室内に放散しているためです。国民生活センターのテストでは、厚労省のホルムアルデヒドの室内濃度指針値（１立方メートル中１００㎍＝マイクロ・グラム）を、７倍以上も上回って放散させている中国製木製ベッドがありました。こんなベッドを部屋に置いたら、部屋中の空気がホルムアルデヒドに高濃度で汚染され、住んでいる人はシックハウス症候群になってしまう可能性が高いでしょう。

シックハウス症候群とは、室内の汚染物質で頭痛やめまい、吐き気などの症状が出ることです。原因となっているのは、建材、壁紙の接着剤、家具の塗料などに防腐剤として多用されている通称ホルマリンと呼ばれているホルムアルデヒドやシロアリ駆除剤などの様々な化学物質が部屋の空気を汚染しているためです。国はシックハウス症候群の原因となる代表的な８つの化学物質については、室内濃度のガイドラインを設定しています。ガイドラインでは、１立法メートル当たりにつき、次のように基準値を決めています。

①ホルムアルデヒド（主に接着剤に使われる防腐剤）
……１立方メートル当たり１００㎍（０・０８ｐｐｍ）

②トルエン（有機溶剤系塗料。シンナーのこと）……２６０㎍（０・０７ｐｐｍ）

③キシレン（有機溶剤系塗料。シンナーのこと）……870μg（0・20ppm）

④パラジクロロベンゼン（有機塩素化合物で衣類の防虫剤や消臭剤に使用）……240μg（0・04ppm）

⑤エチルベンゼン（有機溶剤）……3800μg＝3・8mg（0・88ppm）

⑥スチレン（合成樹脂原料）……220μg＝0・220mg（0・05ppm）

⑦フタル酸ジ-n-ブチル（塩化ビニール製品に使われる）……220μg（0・02ppm）

⑧クロルピリホス（シロアリ駆除剤）……1μg（0・07ppb）

小児がいる場合はこれの10分の1の0・1μg＝0・007ppb）

被害事例は8年程前のことですが、中国製木製ベッドの危険性は、2016年現在も変わっていません。

というのは、中国製の割安感のある組み立て式木製ベッドは、コストを下げるため、相変わらず、品質の悪い低価格のベニヤ板を材料に使っています。品質の悪い合板は、接着剤を多量に使って張り合わせます。そのために、ガイドラインを大幅に超す量のホルムアルデヒドが放散するわけです。

ホルムアルデヒドについては、内装や造り付け家具は建築基準法に基づく規制がありますが、ベッドなど家具についての規制はありません。そのために、ホルムアルデヒド放散量の多い危険なベッドがいつまでも輸入され続けているのです。

●中国製家具に使われるMDFの正体

ベッドに限ったことではありませんが、家具量販店で販売されている製品の多くは中国製です。国産家具に比べると確かに安いです。ただ、価格には中国からの輸送コスト、輸入時の関税、量販店の利益が入っているのです。材料の品質を相当落とさないと、いくら大量生産しても、あれほど安い販売価格は設定できません。

激安価格を設定できるカラクリは、木の屑を細かく粉砕して、それを接着剤でくっつけ1枚の板にするMDF（中密度繊維板）を材料にすることにあります。食品で例えるなら、横隔膜や内臓に付着した端肉（くず肉のこと）をバキュームで吸い集め、アルギン酸ナトリウム、カラギーナンなどの糊料を加えて固めた加工肉のようなものです。

確かに激安の肉ですが、消費者にはカラギーナンなどの添加物による健康リスクが伴います。それと同じように、無垢材などは使わずＭＤＦだけを使えば、製造コストは大幅に低減できます。しかし、ＭＤＦには多量の接着剤が使われます。接着剤に使われているホルムアルデヒドが消費者の健康に及ぼす悪影響も深刻なものになります。

もし、シックハウス症候群になり病院に通うことになったら、支払う医療費は半端な額では済みません。シックハウス症候群のような化学物質による健康被害の治療は、非常に長期間かかるからです。価格の安さに惑わされ、安い中国製家具を購入してシックハウス症候群になれば、結局、とても高い買い物になってしまうことを、常に頭に入れておくべきです。

どうしても低価格の中国製家具を購入しなければならないときは、最低限、ホルムアルデヒド放散量を実測してある製品を選ぶことです。

また、家具に貼付しているラベルにF☆☆☆（Fc_0、E_0）などの記号が表記されているかどうか確認して下さい。この記号は材料から放散されるホルムアルデヒドの量を示したものです。例えば合板であれば、合板を切り、デシケータと呼ばれる容器に入れ、中の蒸留水に溶け込んだホルムアルデヒドの量を測定します。測定結果によって少ないものから順に、「F☆☆☆☆」～「F☆」のランクに分けられています。基本的には、☆印の多いものを選んだ方が安心はできます。

ただ、それはあくまでも目安です。というのは、もし「F☆☆☆」相当のホルムアルデヒドの放散量が低い材料を使っても、その低い材料をたくさん使った家具であれば、多くのホルムアルデヒドが放散されます。また、材料と材料を組み合わせるために使う接着剤から放散されるホルムアルデヒドの量は、この表記には含まれていません

２０１１年に東京都生活文化局が、家具から放散するホルムアルデヒド対策として、アドバイスしていますので、参考にして下さい。

・消費者へのアドバイス

①家具からの化学物質の放散が気になる場合は、気温の高い日に部屋を換気しながら、家具の扉や引き出しを開けておくことによりある程度濃度を減少させることができます。

②乳幼児や肌が敏感な方の衣料品について、ホルムアルデヒドの影響を心配される場合は、タンスに収納する際にポリ袋等に入れ密閉すると移染を防ぐことができます。

いちばん安心なのは、ホルムアルデヒド放散量が多い中国製家具は出来るだけ利用しないことではないでしょうか。

●中国産花ゴザは農薬まみれ

花ゴザなどのい草製品は、日本の夏の高温多湿という気候を快適に過ごすために愛用されてきました。ところが、原料となるい草のシェアは中国産が7割を占め、国産は2割、残りが化学繊維製品となっています（2015年）。

国内製造でも、スーパーやホームセンターに並んでいる花ゴザの原料産地は、ほとんどが中国。価格は国産い草を使った製品の半値以下というのが大半ですが、品質差は歴然としています。

中国のい草栽培は1980年代に、日本のい草メーカーが国産のい草を持ち込んだことから始まっています。ただ、中国産い草の収穫時期は天候上の問題から、刈り取り時期が6月上旬で日本より1カ月ほど早くなっています。このため、い草のロウ質が未形成のまま収穫、製品化されるケースが多いのです。こうしたことから、業界では中国産い草を「不健康ない草」と呼んでいます。ロウ質が未完成なため、「コシがなく表面がボロボロとはがれやすいなど品質は国産より劣り、はがれた表面がハウスダストの原因にもなる恐れがある」と、い草製品メーカーの関係者は言っています。また、「国産い草は水分吸収や堅牢度（仕上げがしっかりしていて頑丈な様子）で中国産に勝る試験結果がある」とも言います。さらに、中国産い草は栽培方法や農薬の使用量なども分かりにくく、安全性の懸念もあります。

中国産と国産の花ゴザの両方を使った経験のある男性（60歳代）は、「国産い草は変色しにくく長持ちする」と評価し、こう続けます。

「中国産の価格は確かに安い。購入した３畳（１８０㎝×２７０㎝）程度の花ゴザは４千円前後。しかし、３シーズン目には表面が剥げてきたので捨てるしかありませんでした。一方、国産の花ゴザは３畳弱（１７５㎝×２３５㎝）で１万８千円。中国産の４倍以上ですが、表面のささくれもほとんどなく、わが家では６シーズン目。まだまだ使い続けられそうです」

しかし、高品質を誇る国産い草の現状が明るいとは言えません。収穫量、生産農家ともに減少の一途をたどっているのです。かつて、い草栽培では岡山が一大産地でした。この他、広島、福岡、熊本などで栽培されていましたが、生活様式の変化と、安価な中国産い草の輸入で国内栽培は減少していきました。現在、産地は熊本と福岡に限られ、作付け面積は、1976年の約1万ヘクタールをピークに、2013年は両県で739ヘクタールへと激減。収穫量は1万100tとピーク時からほぼ半減。生産農家数はわずかに576戸にすぎません。**国産品を積極的に使っていくことが、国内のい草栽培を守っていく、唯一の道なのです。そして、それが家族の健康を維持していくことになるのです。**

国産い草製品には、絨毯などにはない、いくつかの特性があります。「空気浄化作用」、「湿度調整作用」、それに「保温・断熱効果」です。注目は「空気浄化作用」です。大気汚染で問題になっている二酸化窒素や、シックハウス症候群を引き起こす化学物質ホルムアルデヒドなどの有害物質を吸収、それを浄化する作用があると言われます。中国産のい草製品にはハウスダストの恐れだけではなく、農薬汚染も懸念されています。健康な生活を送るためにも、花ゴザなどい草製品は国産品を使いましょう。

●布団・毛布からも発がん物質が検出

数年前、寝具の業界紙が、「オーストラリアで中国産毛布を検査したところ基準の10倍近い発がん性物質のホルムアルデヒドが検出された」と報じました。記事によれば検出されたホルムアルデヒドの含有率は２７９０ｐｐｍで、これはアメリカ・ＥＵ・日本の基準値３３０ｐｐｍの９倍近くです。最も厳しく規制されているベビー用品は、日本の基準は15ｐｐｍです。日本にも同様の毛布が輸入されているか定かではありませんが、日本国内で流通している毛布の大半が中国製ということを考えれば、流通しているとみた方がいいでしょう。こんな毛布をもし赤ちゃんにでも使用していたら大変なことになってしまいます。

中国の製造業者は、毛布・服・ぬいぐるみ等の手触りの柔軟性を上げるためにホルムアルデヒドを使っているといいます。そうした毛布がネット通販では格安価格で販売されています。しかし、通販では直接臭いを嗅ぐことはできませんし、ホルムアルデヒド含有率を表記してある製品はほとんどありません。まず、手を出さない方が無難です。

また、有名量販店で販売されている毛布で、4千円以下は中国製と言われます。しかし、国産品でも中国製の生地を使って国内加工したものもありますから、購入時には実際に手を触れ、臭いを嗅ぎ、生地の原産地やホルムアルデヒド含有率を店の人に聞いて確認することです。また、購入後、家で製品の梱包を開封して、ツーンと鼻を突く薬品臭さを感じたら、ホルムアルデヒドがかなりの量含まれていますから、迷わず返品することです。

返品にはレシートが必要ですから、レシートは少なくとも1カ月間は保管するようにして下さい。

中国製の布団も危険です。ぬいぐるみの件でも指摘しましたが、中に詰め物をする中国製品は、食品の毒入り冷凍ギョーザ同様、本当に何が入っているか分かりません。

２０１０年10月に香港からネット配信された映像ニュースは衝撃的でした。広東省で製造された寝具メーカーの掛け布団の中身を確認したところ、古新聞や女性用の使用済み下着などが詰められていたというのです。他にも病院で使用された脱脂綿を詰めた布団、血の染み込んだ医療廃棄物の綿が入った枕も紹介されていました。いくらなんでもありの中国製品とはいえ、寒気がしました。

こんなニュースが世界中を飛び交っているのですから、中国製品への消費者の不信感は高まるばかりです。

・業界ぐるみの羽毛布団偽装。高級品の中身も中国の食用アヒル

寝具メーカーも中国製と分かっては売れ行きに大きく影響します。布団の中では高級品の羽毛布団では、中国製というのは致命傷になります。そうした中、とんでもない羽毛布団の偽装が表面化しました。

２０１６年５月７日付け朝日新聞朝刊は、１面トップで「羽毛布団産地偽装か」との記事を掲載しました。

〈羽毛布団メーカーなどでつくる日本羽毛製品協同組合（日羽協）によると、羽毛布団の国内販売枚数は年間約３２０万枚あり、その約半数の羽毛布団が中に詰める羽毛について主にフランスやハンガリー、ポーランドなどの欧州の産地を表示していると いう。残りは無表示や中国産などだ。

朝日新聞は日羽協が100社を超える加盟社に宛てた内部文書を2通入手。1通は2014年5月付けで「適切な産地表示の徹底について」とあり「羽毛原料の国別輸入実績以上の欧州及び北米産表示の羽毛布団が市場にあふれている」と注意を促した。15年の財務省統計によると、羽毛の輸入先は中国が48%、欧州・ロシアは17%だ。

だが、この注意では改善されず、15年1月に、もう1通を配布。フランス産については「半分以上は偽装と思われる」。ハンガリー産などについても「産地の信憑性に欠ける。原産地の偽装表示は景品表示法違反や詐欺罪が適用される」と、警告した。

羽毛取引が長い業者によると、「欧州産に比べ、中国産は一般的に弾力性や保湿力が良くない」。欧州産は中国産よりブランド力があり、価格も布団1枚1万円～数万円高いという。「日本のメーカーや商社が安い欧州産を要求すると中国産を混ぜて原価を下げる。欧州産としながら100%中国産というのもある」との証言もある。

日羽協の柳場宏会長は取材に「産地偽装があちこちで起きていそうだった」と説明。取引履歴の保存や抜き打ちの産地分析検査などを検討中だという。業界内の通知にとどめたことについては「消費者に伝えるべきだった」と話した。（以下略）〉

現在の品質表記では、中国産を欧州に輸出して、そこから日本に入れると「欧州産」に化けてしまいます。実際、欧州産、とくに東欧産のかなりのものが中国産なのではないかと以前から指摘されていました。

羽毛布団業界の魑魅魍魎《ちみもうりょう》は、最高級羽毛と言われるアイダーダックを使った製品に如実に出ています。アイダーダックはアイスランドに棲む国際保護鳥で、産卵しヒナが飛び立った後、巣に残った羽毛のみ採取が許可されています。そのため、年間の採取量はわずか３トン。アイダーダックの羽毛を使った布団は１枚で最低１００万円はするといいます。品質の良さはエベレスト登山に世界の登山家がアイダーダック羽毛寝袋を利用していることが実証しています。

アイダーダックの羽毛供給量から計算すると、年間に生産できる羽毛布団は、全世界で４０００枚弱となります。ところが日本では年間２万枚も流通しているのです。これほどの魑魅魍魎はありません。

羽毛布団業界では「中国製を表に出したら売れないから欧州産で売ろう」という商法が常態化しているのです。

欧州産羽毛布団と中国産羽毛布団では、そもそも品質がまったく違います。値段も１枚１万円くらいの差があると朝日新聞の記事では書いてありますが、アイダーダック羽毛を使った欧州産の超高級羽毛布団は１枚２００万円近いものもあります。前述したように実は、そうした超高級羽毛布団も中国産だったりするのですが、消費者は高ければホンモノと思って騙されてしまうのです。そこを悪徳業者は巧みについてくるわけです。

そんな悪徳業者に騙されないために、羽毛布団の実態について触れておきます。（参照：雑誌『自遊人』羽毛布団の裏事情）

一般的に欧州産羽毛布団には、羽毛布団用に飼育されたグース（がちょう）の羽毛が使われています。主にロシア、ハンガリー、ポーランドの放し飼い農場で育てられたグースです。一方、中国製品には中国で食用に育てられたダック（アヒル）の羽毛が使われています。ダックはブロイラーのように劣悪な環境下で大量に密飼いされており、病気予防のために抗生物質も多投されています。

中国製の羽毛布団は臭いとよく言われますが、これはダックの羽毛には、汚れた鶏舎の臭いや排泄物、絞めた際の血液、肉片などが付いているからです。洗浄殺菌をしても臭いはなかなか消えません。

欧州のグースの場合は、生きたまま採集します。それも年に数回自然に羽が抜け落ちる時期に胸毛から抜きますので、汚れもほとんど付かず、強力な洗浄剤で洗う必要もないといいます。

中国製の羽毛布団でアレルギーが出るのは、羽毛に残留している洗浄剤・殺菌剤の可能性があります。中国製の羽毛布団に寝るということは、危険な化学物質に包まれて寝ているのと同じ恐れが常にあります。

品質面でも食用に育てられたダックは成長途上で絞められてしまうので、毛も細かくダウンボールになりにくく、バラバラになってしまうといいます。中国製の羽毛布団からやたらに羽毛が出てくるのは、そのためです。それに対し、グースの羽毛は、鳥自体が大きいため、羽毛も大きくしっかりしていて、大きなダウンボールができます。そのため、「保湿性」「軽さ」「寿命」で、ダック羽毛の中国製より優れているとの評価が定着しています。

羽毛布団を購入する際は、産地などの情報公開をネットなどでも常に更新している信用できる店で、グース羽毛を使った羽毛布団を選ぶことです。そうして選んだ羽毛布団ならば、10年以上は間違いなく使えますから、多少、価格が高くとも結果的にはお得な買い物になります。

●中国製医薬品原料は危険すぎる

世界市場に流通している中国産は工業製品や家庭用品、食品だけではありません。

2013年7月1日、国際環境NGOグリーンピースは、米国や英国など7カ国で行なった中国産中医薬原料の残留農薬サンプリング調査の結果を公表しました。サンプルには各種の農薬が残留しており、WHO（世界保健機関）が劇薬に指定している薬品も検出され、多くがEU（欧州連合）の基準を上回っていたことが分かりました。こうした事態を受けて英国は、中国産医薬品の取り扱いを中止しました。

中国は実は、医薬品だけではなく、世界的な医薬品原薬の生産拠点でもあるのです。抗生物質や免疫抑制剤、ワクチン、ステロイド等々、その数は1000品目を下らないと言われています。

データは2009年と少し古くなりますが、中国は1500種あまりの医薬品原料を生産し、生産量は200万トン以上と世界の原料薬の1／5以上を占めていました。また、2009年までの5年間における医薬品原料の生産高は毎年10％以上の伸びを示していました。医薬品原料生産はいまでは、「中国医薬品工業の大きな柱」とさえ言われています。

輸出にも力を入れています。2009年における医薬品健康食品輸出総額の半分以上は原料薬で、181カ国・地域へ輸出されました。輸出が多かったのはアジア、EUと北米で全体の87・4％を占めています。その後、多少の増減はあるものの、中国はいまだに、医薬品原料の生産拠点であり続けています。

それらの医薬品原料は日本へも大量に輸出されています。ところが2013年2月、原料が粗悪だったとして製薬メーカーが販売を一時中止するという騒動が起きました。新聞各紙は概ね次のように報じています。

〈沢井製薬は、カルバペネム系抗生物質製剤「メロペネム点滴静注用0・25g『サワイ』／同0·5g『サワイ』」の販売を一時休止した。原薬のメロペネム水和物を製造する中国・海正社の原料製造所で問題が発生し、原薬を安定的に入手できなくなった。沢井製薬は同剤の製造を日本のアピ社に委託しているが、アピ社で行なった原薬の品質試験で沢井が定める基準を下回ることが判明した〉

「サワイ」による薬害は起きませんでしたが、中国製医薬品ではたった1粒服用しただけで翌日、低血糖症を起こして入院したケースがあります。

30歳代の男性が、インターネットの個人輸入代行で中国製のバイアグラもどきを購入して1粒服用したところ、低血糖症による意識障害に陥ったのです。入院治療の結果、健康を回復しましたが、この精力剤を専門機関で分析したところ、医薬品成分であるグリベンクラミドなどが検出されました。グリベンクラミドは糖尿病治療薬として承認されていますが、通常最大使用量を大幅に上回る量を含有していました。

中国製の健康食品で似たような事例が過去にもあったことから、厚生労働省は2014年1月、具体的な7つの商品名を挙げて「これらの製品は、医薬品の成分が検出されており、健康被害の発生するおそれが否定できないと考えられます」と、注意を促しています。7つのうち、中国産か中国産原料を使った商品が5つ、残りは不明1、ミャンマー製1でした。

・中国製化粧品に違法なステロイド成分

こうした中、今度は、ステロイド入りの違法な中国製化粧品が日本に輸入されて販売されていることが明らかになり、製品回収、販売中止の騒動となりました。2016年5月

25日付け読売新聞はこう報じています。

〈化粧品への配合が禁止されている成分を含んだ保湿クリームを販売したとして、東京都は5月24日、医薬品医療機器法に基づき化粧品などの販売会社「日中友好開発」（新宿区）に製品の販売中止と回収を指示したと発表した。指示は23日付け。健康被害の報告はないという。

発表によると、問題のクリームは「ばらクリーム」と「三黄クリーム」の2製品。同社が中国から輸入し、同社が経営する「鶴薬局」で1992年から販売していた。最近では1週間に、それぞれ100個程度を販売していたという。

都が昨年5月、購入者からの情報提供を受けて成分を調べたところ、化粧品への配合が禁止され、医薬品としても未承認のステロイド成分が検出された。都は緑内障などの副作用を起こす可能性があるとして、購入者にクリームの使用を中止し、医師に相談するよう呼びかけている〉

ステロイドとは、臓器の副腎から分泌される副腎皮質ステロイドホルモンというホルモンのことで、副腎皮質ホルモンとも呼ばれています。医薬品のステロイド成分は化学合成されたもので、数多くの種類があります。接触皮膚炎、アレルギーなどの治療薬として使われていますが、副作用が強く、以前から論議を呼んでいる医薬品成分です。中国製化粧品に使われていたのは、「トリアムシノロンアセトニド21-アセテート」というステロイド成分で、日本で医薬品として承認されているステロイド成分「トリアムシノロンアセトニド」の類似化合物です。しかし、「トリアムシノロンアセトニド21-アセテート」は、医薬品成分として日本では認められていません。当然、化粧品への添加も禁止で、化粧品に配合すれば、医薬品医療機器等法違反になります。医薬品医療機器等法は、正式には「医薬品、医療機器等の品質、有効性及び安全性の確保等に関する法律」といって、旧薬事法のことです。２０１４年11月25日の薬事法大改正で施行されました。

つまり薬事法違反に問われたわけですが、ステロイド成分を化粧品クリームに使うなど、それ自体がとんでもないことです。ステロイド剤は皮膚の湿疹、蕁麻疹、アトピーなどアレルギー性皮膚炎などの治療に用いられますが、医師の適切な指示の下で使わないと、副作用に見舞われる恐れがあります。ステロイド剤の副作用には、主に2種類あり、一つは、全身的副作用といって、「顔が丸くなる」「骨がもろくなる」というように症状が全身レベルで現れるものです。もう一つは長期連用した場合に「皮膚が薄くなる」「ニキビができやすくなる」など、塗った部分に症状が現れる〝局所的副作用〟と呼ばれるものです。また、都が指摘している緑内障の原因にもなります。

「トリアムシノロンアセトニド21-アセテート」は、「トリアムシノロンアセトニド」の類似化合物ですが、「トリアムシノロンアセトニド」を成分にしたステロイド剤の注意書きには、「大人　連続使用は2週間以内。子ども　連続使用は1週間以内」と、記されています。

ある薬剤師はこう指摘します。

「ステロイド剤を化粧下地やひげそり後の使用など治療目的以外に用いるのは、正しい使い方ではありません。このような使い方をして、同じ箇所に毎日、長期に渡って使用すれば、局所的副作用が起こりやすいことがわかっています。疾患部位だけに短期間の使用にとどめるというのが正しい使用方法です」

化粧品の保湿クリームなら、毎日使います。それが18年間も日本で違法に使われていたのです。おそらく多くの利用者が健康被害に遭っていると思われますが、化粧品が原因とは知らずにいる可能性があります。徹底的な調査が急がれます。

中国がアミノ酸（グルタミン酸ナトリウムなど）を世界に供給し始めたことから、アミノ酸は世界的にだぶつき、医薬品、食品から化粧品、合成洗剤に至るまであらゆる分野に利用されるようになりましたが、ステロイドも中国が生産大国になり供給過剰になっています。生産過剰になっているステロイドを、中国が化粧品の次は何に配合するのか非常に不気味です。

●「中国製自転車からアスベスト」は終わらない

アスベスト及びアスベスト含有製品は、製造や取り扱いの過程で労働者に肺がんなど重大な健康障害を生ずるため、労働安全衛生法で製造や輸入が禁止されています。違反すれば3年以下の懲役か300万円以下の罰金が科せられます。

そのアスベストが自転車のブレーキ部分から検出、数万台の自転車が回収されたのは、2005年のことです。ほとんどが中国製でした。それから約10年が経過しました。本当にもう、中国製自転車のアスベスト汚染は心配ないのでしょうか。

まず、当時の新聞記事を見てみましょう。

2005年9月27日付け東京新聞は「アスベスト使用自転車　無審査で24万台輸入」と報じました。

〈ブレーキ部品にアスベスト（石綿）を含有した自転車で、昨年10月以降に輸入・販売されたことが判明している約24万台が輸入の際、必要な事前審査を受けていなかったことが26日、分かった。労働安全衛生法はアスベストを含有する自転車は部品、完成品を問わず輸入を禁止しているが、外為法上では完成品は事前承認の対象となっておらず、結果的にアスベスト製品が無審査で輸入されていた。経済産業省は近く大臣告示を改正し、事前承認の対象に加える方針。

労安法施行令が昨年10月改正され、アスベスト含有（重量１％超、注：２０１６年現在は０・１％）のブレーキ部品などの製造、販売は禁止された。これを受けて外為法の輸入貿易管理令でも、ブレーキライニングなど対象部品を輸入数量の割当（規制）品目に追加。輸入申告で、経産相の事前承認の対象とした。ところが、完成品の自転車の申告義務は明記されていなかった。

同省などの調べによると、昨年10月以降、アスベストを含有した製品を使った自転車の輸入販売は計28社、約22万台に上る。このほか、ブリヂストンサイクル（埼玉県上尾市）が約２万台を輸入販売していたことが判明している。

自転車メーカーなどは「現地で組み立てた方が低コスト」（大手自転車メーカー）として、中国などで生産して輸入。完成品は規制対象に明記されていないことから、税関前の事前承認を申告していなかった。

同省貿易管理課は「アスベストを含有する製品が含まれている場合、労働安全衛生法で輸入は禁止されているが、厚生労働省とも協議し、必要な措置を講じたい」としている。経済産業省によると、２００４年度に輸入された自転車は約９００万台で、大半が中国製。昨年10月以降、輸入・販売された自転車は部品で重量１％超（現在は０・１％）のアスベストを含有していた場合、労安法違反の疑いが指摘されている〉

ブレーキ部分にアスベスト（石綿）を使った自転車約2万台を販売していた自転車業界最大手のブリヂストンサイクルの自転車も中国製でしたが、直接、同社が中国で製造していたわけではありません。日本の部品会社の中国現地法人が中国で部品を生産、別の中国の法人が組み立て、それをブリヂストンサイクルが輸入し、ブリヂストンサイクルのブランドで国内販売していました。ブリヂストンサイクルでは、自転車の後輪を締め付けるためのブレーキライニングと呼ばれる部品で、アスベストを使っていましたが、こうした複雑な製造環境下では製品の品質管理も難しいはずです。

厚生労働省が２００６年に公表した「石綿含有部品を使用する自転車及び自転車用ブレーキの輸入販売の実態に係る調査について（第2回報告）」によりますと、「２００４年

10月以降の石綿含有部品を使用した疑いのある自転車等の輸入台数は約29万台、販売台数が約24万7千台」に上っています。２０１６年現在、自転車のアスベスト混入率は重量の０・１％と10年前よりはるかに厳しくなっています。

しかし、日本でアスベスト規制をいくら厳しくしても、製造工場のある中国では自転車へのアスベスト規制は行なわれていません。いつまたアスベストに汚染された自転車の輸入が急増するかもしれません。税関でもアスベストが使われる自転車のブレーキ部分は重点的にチェックしていますが、あくまでもメーカー発行のアスベスト非含有証明書の確認というものです。偽の証明書を提出されたらそれこそ税関はお手上げです。要するに、税関で有害製品をチェックするのは大きな限界があるわけです。中国が自転車のアスベスト規制を行なわない限り、中国製自転車への不安はいつまでも付きまといます。

因みに、国民生活センターの注意情報は、「消費者被害防止の目的を達したと判断された段階で順次、削除します」と、ありますが、自転車のアスベスト汚染に関する事項は、２００５年に公開されてから、２０１５年９月になっても更新されています。消費者にアスベストを使った自転車の部品交換を促しているのと同時に、まだまだ中国製自転車には用心して下さいということです。

●危険な激安製品が取引される中国の巨大市場

中国製品には、大きく分けて日本メーカーが中国で現地生産（OEMメーカー含む）しているものと、スーパーのバイヤーなどが中国へ出向き仕入れて来るものがあります。危険度が高いのは、バイヤーなどが仕入れてくるものでしょう。ホルムアルデヒド、アスベスト、鉛などの有害物質が緩い中国基準のまま作られているからです。とくに、ネット通販で販売されている雑貨類の多くは、通販専門のバイヤーが中国で仕入れてきたものです。

そうしたバイヤーが頻繁に出向いているのが中国・義烏《イーウン》の福田市場です。世界中から毎日20万人のバイヤーが来ているという世界最大の日用品・雑貨市場です。数百件の様々な製品の専門問屋がデパートのような巨大ビルに入っています。日用品・雑貨ばかりでなく、布団、健康器具までありとあらゆる製品が激安販売されている巨大市場です。ネットでも福田市場の製品は紹介されていますが、携帯やデジカメ用のＳＤメモリーなどは、同じ日本メーカーのものが、アマゾン価格の半値以下になっています。輸送費、関税を入れても、大量に仕入れて日本で販売すれば大きな利益が出るとバイヤーは思うはずです。

義烏《イーウン》・福田市場でのガイドや輸入手続き代行を行なっている業者のホームページには、日本から来る得意客が出ていますが、なるほどと思います。

・地方有力スーパー、有名レストランチェーン、建築会社、１００均ショップ、カラオケチェーン店、大手量販店、有名ホテル、アパレル問屋、楽天やヤフーショピングの各カテゴリーでランキングされている数社。

有名レストランチェーンは食器が目当てだといいます。有名ホテルは洗面所に置く、タオル、歯磨き、カミソリ、櫛などが目的のようです。

また、この会社のホームページによると、ここ数年、造花の引き合いが非常に多くなっているといいます。確かに１００均ショップに行くと、彩り鮮やかなプラスチック製の造花が数多く並んでいます。しかし、色鮮やかなプラスチック造花は、半年も経たないうちに黒ずみ出し、ゴミとなって焼却されるのです。その結果、ダイオキシンを発生させ日本人の健康を蝕んでいるのです。ダイオキシンによる環境汚染を防ぐためには、身の回りからできるだけプラスチック製品を遠ざけ、ゴミとして焼却させないことが問われています。

そうした中、100均ショップなどはバイヤーを中国・義烏の福田市場に頻繁に出向かせ、プラスチック製品雑貨を大量に仕入れ、100均ショップで販売しています。環境保護などよりも目先の利益の方が大事なのは、中国商人と同じです。

●中国製プラスチック製品から異臭がする理由

2〜3年前から中国製食器や玩具など、中国製プラスチック製品から異臭がするという声を、よく聞きます。そこで、100均ショップでプラスチック製のタッパー、コップ、洗面器、造花を購入して、ニオイを嗅いでみると、タッパーに石油臭いニオイがしました。いろいろ調べてみますと、プラスチック製造工程で使う副原料の離型剤《りけいざい》が製品に残留しているのが原因と思われます。離型剤は、パンやコンクリート、鋳物などの材料を型にはめて製品を作る過程において、型から製品をスムーズに取り出すために使用される薬剤で、シリコーンやフッ素化合物が使われます。それらが揮発しているものと思われます。人に不快な感じを与えるのですから、「買わない、使わない」がいちばんの対策です。

実際、EU（欧州連合）の食品安全に関する常任委員会は、2011年にEU向けの中国製プラスチック容器の検査を強化する法案を可決しています。

プラスチック容器だけでなく、食品保存用のラップも中国製は危険です。２０１３年、国際食品包装協会は、ポリ塩化ビニル（ＰＶＣ）製の中国製食品保存用ラップ16製品の調査を行なった結果、15製品から使用が禁止されている（2―エチルヘキシル）アジペートを検出しました。ポリ塩化ビニルは有機塩素系化合物で、塩ビ製品は焼却すると史上最強の毒物といわれるダイオキシンを発生します。それだけでも大問題なのですが、ポリ塩化ビニルは、成形加工を容易にし、かつ製品を軟らかくする可塑剤が添加されています。この可塑剤にはフタル酸エステルや（2―エチルヘキシル）アジペートなどがありますが、どちらも生殖機能に障害をもたらす環境ホルモンで、使用は国際的に禁止されています。

中国製ラップには、主にポリ塩化ビニル製と比較的安全度の高いポリエチレン製（ＰＥ）がありますが、多いのはポリ塩化ビニル製です。透明度が高く、粘着性に優れているためと言われていますが、価格が安いというのがいちばんの理由です。中国製品が危ない最大の理由がまさにここにあります。人の健康、環境保護よりも、なによりもコストが最優先することです。

因みに、日本のサランラップ、クレラップはポリエチレンよりも高品質で安全度の高いポリ塩化ビニリデン製です。

２０１６年8月、厚生労働省は、こうした中国製ラップやトレーなどに含まれる化学物質による健康被害を防ぐために、２０１６年度中には規制強化に乗り出すことを明らかにしました。現在の食品衛生法に基づく現行制度（ネガティブリスト制度）では、毒性が確認されている鉛やホルムアルデヒドなどを使用制限物質に定めています。それを逆に、ポリエチレンなど使用できる化学物質を定める「ポジティブリスト（ＰＬ）制度」を新たに導入する予定です。つまり、ポリ塩化ビニルをポジティブリストにのせなければ、中国製ラップの多くは輸入できなくなるわけで、効果に期待したいところです。問題は中国政府の圧力に抗して、ポリ塩化ビニルをリストから除外できるかにかかっているわけです。

●重金属が溶け出す中国製陶器

「中国製の土鍋から調理中に鉛やカドミウムが漏れだした」「高知県消費者センターの調査で100円ショップの陶磁器食器の一部から鉛やカドミウムが溶け出た」「家具・インテリアチェーン大手のニトリが販売していた中国製の土鍋から鉛が溶け出し、自主回収した」――。中国製陶器から重金属が漏れ出したのは日本ばかりではなく、世界各国で同様の事件が起こりました。こうしたことから、2013年になって国際食品包装協会は、「陶食器は色が鮮やかになればなるほど、重金属含有量が基準値をオーバーする危険性が高い」と消費者に警告を発し、派手な色彩で装飾された陶食器の利用には慎重を期するよう注意を呼びかけました。

その上で、「この重金属は、色付けするための顔料（釉薬《ゆうやく》）に含まれている。製造プロセスにおいて、鉛とカドミウムを顔料に添加すると、釉薬に均一性や明るさが出る。一部メーカーの製造技術では、鉛とカドミウムの添加量をしっかりと抑制できておらず、含有量が基準値を超えている場合がある」と、指摘しました。

果たして、それだけが理由なのでしょうか。テレビ番組「ＮＨＫドキュメント」でも、陶器から重金属が漏れたのは土が原因ではない、と結論付けていましたが、本当に、土は無関係なのでしょうか。どうしても気になります。というのは、中国の土壌汚染が想像を絶するひどさだからです。

中国国土資源部は２００５年から２０１３年にかけて、中国全土の土壌汚染調査を行ない、２０１４年に調査結果を発表しました。それによると、中国全土の観測地点で土壌汚染が基準を超えているのは16・１％。耕作地では19・４％に上り、農業用水が汚染された田畑は３３０万ヘクタールに達している、としています。しかし、実態はそんなものではないようです。中国環境保護部の専門家ですら、「２０１４年に発表された調査の信頼性は低く、確実な統計データをより多く集める必要がある」としています。

日本でも築地市場の移転先である豊洲の土壌汚染が大問題になっていますが、中国の土壌汚染は豊洲のレベルではないようです。北京紙『新京報』によりますと、工場跡地に校舎が建てられた中国中部の江蘇省常州市の常州外国語学校の生徒５２２人に、土壌汚染が原因とみられる皮膚炎や血液異常などの症状が広がっているといいます。

同記事によると、校舎周辺の地下水や土壌に含まれる有機溶剤のクロロベンゼンの濃度は、なんと環境基準の9万4800倍という異常さです。中国で土壌汚染が極めて深刻な状況にあることは、現地のマスメディアも大々的に取り上げるようになっています。2016年7月には、「河北省の村々では謎の奇病が多発している」と、中国紙『参考消息』（電子版）が伝えています。この村々は「皮の都」と呼ばれる皮革・毛皮産業の一大都市・辛集市に隣接しており、村内には周辺の工場から出た大量の産業廃棄物が山積みにされ、ひどい悪臭が漂っているといいます。また、工場で生産に使われた化学物質が川に捨てられ、ここからも異臭がしていると、中国紙は伝えています。

中国の多くの工場跡地土壌には、カドミウムやヒ素、クロム、鉛などの重金属のほか有機溶剤など様々な有害物質が含まれていて、地下水にも深刻な影響を及ぼしています。

2016年4月に中国水利部が発表した最新の地下水動態月報によると、中国最大の平原地帯を含む2013カ所の地域における地下水の80%が飲用や入浴に適さない極めて深刻な汚染状態にある、といいます。

これらの地下水に含まれる主な汚染物質は毒性が高いトリアゾールで、一部の地域では重金属や有毒有機物も検出され、調査した2103カ所の井戸のうち、8割の水が飲めないとのことです。中国では国民の7割が井戸水を飲用にしていると言われています。経済成長を優先してきたツケとしか言いようがありません。

中国製陶器から鉛が漏れ出す原因が土ではないとしても、なにか、陶器自体が土壌汚染にまみれた今の中国の姿のようです。

それでも伝統ある中国製陶器には素晴らしいものがたくさんあります。


中国製陶器を購入する方は、国際食品包装協会が、陶食器を購入・使用する際のアドバイスをしていますので、是非、参考にして下さい。
○上絵付の食器、特に食品とじかに接する面に装飾が施されている食器は避ける。
○釉色を爪で触ると剥がれるような商品の多くは、含有重金属が基準値を超えた粗悪品なので注意する。
○できるだけ白い陶食器を選ぶ。
○購入した陶食器は、使用する前に熱湯で5分間煮沸するか、お酢に2時間から3時間浸すこと。こうすれば、毒性がほとんど除去され、人体の健康に及ぼすリスクが大幅に低下する。

コラム③　中国高速鉄道は大丈夫?

●高速鉄道が直面する問題とは

中国は高速鉄道の輸出を推進していますが、２０１６年に入って米国やメキシコ、インドネシアなどで問題に直面しています。メキシコでは中国の受注が決まったものの、その後メキシコ政府は態度を一変させ、受注を取り消しました。米国でも提携企業が提携打ち切りを発表。インドネシアでは着工の遅れが問題化しています。

これには中国国内のメディアが、「総延長は世界一、さらには資金面のサポートもある中国高速鉄道は輸出競争力も高いはずなのに、輸出事業はなぜ問題続きなのか」と疑問を投げかけているほどです。

その一方で、中国では鉄道の車両事故率の高さが問題になっています。米華字メディアが伝えたところによると、２０１５年に発生した列車事故は２１０件余りで、前年と比べて16％増加しました。車両の故障による事故は45％も増加、故障による事故がもっとも多かったのは高速鉄道でした。そこで思い起こされるのは、２０１１年7月23日に起きた高速鉄道の衝突・脱線事故です。

●車両を埋め立てて証拠隠滅?

浙江省温州市の甬台温線で発生した中国高速鉄道の衝突・脱線事故は、高架橋上のトンネル手前で停車していた列車に後続車両が追突した事故で、死者は40人に上りました。

事故原因について中国鉄道省は、「先行していた列車（D3115）が落雷により停電し動力を失ったことで後続列車（D301）が追突した」と発表しましたが、本来のダイヤから列車順序が逆転していることから、列車運行の制御システムに重大な問題があったことや、運転手の人為的ミスの可能性も指摘されています。ただ、事故原因はいまだ公にされていません。

この事故で誰もが驚き、呆れ返ったのは事故原因の究明体制です。事故に遭った車両は即座に事故現場の高架下にすべて埋められ、残りの車両は車両基地に搬送されてしまったたからです。日本だけではなく、世界の鉄道事故の原因究明体制の常識では考えられない光景でした。

このため、脱線車両を埋める措置をとったのは「偶発的なことではなく、あらかじめ決定されていた方針、つまり証拠隠滅だったのではないか」との批判が国内外で起きたのは当然です。これに対して鉄道省は記者会見で、「このような大事故が世界中に知られた以上、鉄道事故そのものを隠蔽できるわけがない」と述べています。しかしその後、一度埋められた車両が再び掘り出され搬送されています。これは当局が証拠隠滅と非難されたために行なったことだったため、一部メディアや評論家は「国内外の批難を速やかに収束させたいからでは」と疑問を投げかけました。

このことと高速鉄道の輸出が思うように進まない理由は直接関係ないようですが、これでは、安心して中国の高速鉄道は利用できません。

第6章　これでも中国製品・食品を選びますか？

―後書きに代えて―

1、中国製「自転車かご」からコバルト60

ネット上に、次のような書き込みが相次いだのは２０１２年4月19日のことでした。

「安価な中国製部品を採用すると、こういうリスクも存在するのだとメーカーも気付いてほしいものです」

「中国製だけが危険なわけではないですが、身体に関係する物はなるべく中国製は避けたい気持ちが強いです。」

「しかし身の回りの物を見てみると案外中国製は多いです。」

「沢尻エリカがＣＭしているシャンプーを買ってしばらく使っていましたが、MADE IN CHINAと書いてあるのに気づいて速攻捨てました。」

「過去、毒入り餃子事件もありましたし、食品に加えて中国製品も避けざるを得ません」

「その通り！」と声を掛けたくなりますが、ネットの書き込みを紹介したのは他でもありません。そのきっかけが中国製だったからです。

当時の報道をまとめると、購入者からブリヂストンサイクル社に「放射線が検出された」

との連絡があり、同社が17日に測定したところ、自転車かご（中国製ステンレス）の上側の縁の表面から毎時７・５～10・６マイクロシーベルトを検出。文部科学省が、自転車が組み立てられた上尾工場（埼玉）の在庫１１４５台を調べると、一部から同様の値が検出されました。原因は中国から輸入された時点でステンレスにコバルト60が混入していた可能性が高く、文科省はかごの回収を指示しています。

その後、なぜコバルト60が混入していたかの詳細な原因究明に触れた記事は見当たりません。ただ、文科省は調査結果の発表当初、ステンレスを作る過程で混入したとの見方を示していました。

ステンレスを作る過程でコバルト60が混入する工場なんて、世界の常識では考えられませんが、中国ではアリのようです。第３章で紹介したように、中国では食品に放射線（コバルト60）を照射する施設が全土に広がっています。その数は２０１２年段階で２００カ所以上と推定されています。その施設でステンレスを製造しているとは考えられませんが、工場が隣接し、何らかの事故でコバルト60が漏洩し、移染した可能性は捨てきれません。

というのも、２００９年6月には河南省の照射施設でコバルト60が漏れ出る事故があり、周辺住民が緊急避難する事態が起きているからです。この重大事故は直接、自転車かごとは関係しません。しかし、管理により万全を期さなければいけない放射線照射施設でさえ、放射能漏れが起きる中国です。うがち過ぎとは言い切れないでしょう。

2、中国製玩具の新たな問題―フタル酸エステル

第4章で、中国製玩具について、「鉛に替わって、今度は生殖機能に悪影響を及ぼす内分泌攪乱《かくらん》物質の問題が浮上しているのです。フタル酸エステルの検出です。中国製玩具が相変わらず危険であることを肝に命じておきましょう」と紹介しました。

それを明らかにしたのは、国際環境NGOグリーンピースです。2011年に、中国と香港で販売されている玩具から環境ホルモンを検出したことを発表し、乳幼児の発育に影響があるため、「中国製のプラスチック製玩具は買わないように」と呼びかけました。

グリーンピースは香港・北京・上海・広州で30種類のプラスチック玩具に対してサンプリング検査を実施。その結果、中国の20種類のうち15種類から、欧米では禁止されている環境ホルモンのフタル酸エステルが検出されたのです。香港では10種類の内6種類から環境ホルモンが検出されました。生産地はいずれも中国国内の工場でした。

フタル酸エステルはプラスチックを柔らかくするためにプラスチック製品やビニール、また、化粧品をなめらかにするためにも使われています。しかし、米国、欧州、日本では、赤ちゃんや子どもが使うプラスチック製品には使ってはいけないと規制されています。

ところが中国では、規制が追いついていません。中国国内の玩具製品の安全性については、人体に有害な重金属や化学物質に関する検査項目がないと指摘されています。その結果、フタル酸エステルなどの有害な化学物質を含んだ危険なプラスチック製玩具が国内市場に出回るのです。

中国は、世界の玩具生産量の4分の3を占めています。日本だけではなく、国際的に中国食品の危険性が取り沙汰されていますが、玩具は子どもにとって同じように成長に欠かせないもの。食品同様の安全性確保が重要なことは言うまでもありません。

また、ネットへの書き込みにあるように、「身体に関係するものは、なるべく中国製を避ける」こと。というより、「なるべく」ではなく、「絶対」と言うべきかもしれません。でなければ結局、「安物買いの銭失い」より恐ろしい結末を迎える可能性が高いからです。

3、中国材割りばしと森林破壊の関係

漂白剤たっぷりの中国製割りばしの危険性も大問題になりましたが、割りばし問題で関心を向けなければならないのは環境破壊との関係です。『地球温暖化白書』によれば、現在、日本国内では年間250億膳もの割りばしが使い捨てされています。そのうち97％は輸入材、さらには輸入量の99％が中国産。**割りばしのほとんどは中国産と言っても差し支えありません。**

割りばしはかつて、森林の保護や育成時に発生する国産の端材や間伐材などが多く使われていました。このため、環境破壊とは無縁の存在とも言われていました。しかし近年は、中国からの天然木を含めた木材を輸入し、消費するようになっています。日本の森林面積は国土の約68％ですが、中国は国土の17％しか森林がありません。**輸入材を使った割りばしは、中国の森林破壊にもつながっています。**

それで一体、何を実現したのでしょうか。それは低価格です。中国産の割りばしの値段は、流通量ではわずかになった国産の10分の1ほどです。

日本で使われる割りばしは年間250億膳です。マイはしを持つなどの工夫をすれば、割りばしの生産を少なくし、森林破壊に歯止めをかけることができるかもしれません。またそれが、割りばしから染み出る危険な化学物質から身を守ることにも繋がるのです。

4、中国産食品の脅威を軽減するには

中国産食品には農産物の残留農薬、養殖魚などの合成抗菌剤、糞便性大腸菌、さらには重金属汚染等々、安全性を脅かす問題が頻発しています。また、第1章で紹介したように、自然界で最強の発がん物質と言われるカビのアフラトキシンが、輸入検疫で度々検出されています。こうした安全性問題を、私たちはどう受け止めるべきなのでしょうか。

第2章で紹介したように、中国食品は私たちの食生活に浸透しています。その安全性は軽視できるものではありません。本来、中国食品の安全性確保の責任は中国政府にあり、輸出企業と日本の輸入企業が安全性を保障すべきです。ところが、現実にはそれが機能していません。相次ぐ食品衛生法違反事例はそのことを余すことなく証明しています。

それはこれからも続くでしょう。ならばどうするか、です。

日本に輸入される食品は、本来、日本の食品衛生法に適合したものでなければ輸入できません。このチェック機能が検疫体制です。しかし、**日本の輸入食品検疫における検査率は輸入件数のわずか10％内外にすぎません。また、検査結果が出るまでは輸入を認めない「検査命令」の実施率はこれをさらに下回ります。その理由は人員不足です。**

年間約220万件もの輸入食品のチェックに従事する食品衛生監視員は、全国でわずか約400名にすぎません。検査率が上がらないのは当然でしょう。この増員は急務です。これが実現し、「検査命令」並みの厳しいチェック体制を敷けば、中国産食品による脅威も軽減するに違いありません。

5、いまこそ「食料の安全保障」を

食品衛生の専門家の多くが、「輸入食品の安全性確保には、食品衛生監視員の増員が不可欠」と指摘し続けてきました。しかしながら、実態はほとんど変わりません。ならば私たちは自衛策をとらなければなりません。簡単な方法は、中国産食品を拒否することです。

とはいえ、**生鮮食品なら原産国表示を確認すれば済みますが、加工食品については、原産**

国表示が一部の食品に限られているため、チェックする術がありません。2017年中には、国内で加工された食品の原材料は原則、すべて原産国表示を義務付けられることになりそうですが、すでに、複数の国からの輸入が予想される原材料については、鶏肉（輸入）でいいというような、抜け穴が用意されているようです。また、外食産業や惣菜・弁当類の原産国表示義務化は手つかずのままです。

原産国表示に頼っていては危ない中国食品から身を守ることはできません。心掛けることは、3点です。

①外食はなるべく控える
②出来るだけ加工度の低い食品を選ぶ
③冷凍食品は避ける

①ではとくに200円を切る激安弁当など、低価格を売りにした食品は食べないことです。②は例えば、卵加工品には中国産の粉末卵が使われています。生卵から調理するようにしましょう。また、カット野菜なら単品の方が安心です。何種類もパックになっているサラダにはほとんど中国産の野菜が入っています。③の冷凍食品は、農薬入り冷凍ギョー

ザ事件で明らかになりましたが、大手冷凍食品会社はほとんど中国で生産しています。この3点を心掛ければ、かなり中国産食品は避けられるはずです。

そして「安心、安全な食」のためには「安ければいい」という考えを絶対に持たないことです。中国産も含め、「日本人の身体は輸入食品で成り立っている」とまで、揶揄《やゆ》されるようになったのは、まさに「安ければいい」という風潮が日本全体に浸透してしまったからに他なりません。

食料の輸入依存が強まる一方、日本の第一次産業は後退戦を強いられています。農業は高齢化と後継者不足が深刻な上に、安価な中国産農産物に押されっぱなしです。漁業も同じ危機を抱え、あまつさえ魚離れと輸入に押されて魚価低迷に喘いでいます。これを放置したままでは増々、中国を含めた食料の海外依存は強まるばかりです。これでいいはずはありません。遠回りでも、国内の第一次産業を復権させて食料自給率を高めることが、食品の安全性確保の近道なのです。そのために、**重要なのは「安ければいい」という考えを捨て、積極的に国産品を食べることです。**美味しくなければ、それも難しいでしょうが、野菜・果実、肉、魚、世界中で日本の食材の美味しさは高い評価を受けています。それを食さないほど「モッタイナイ」話はないでしょう。

あまりにも安い食品には、それなりの理由とリスクがあることを知って警戒する。情報が公開され生産管理がきちんと行なわれている国産の食品には、応分の対価を払う。

軍事的な安全保障ばかりがクローズアップされていますが、輸入に依存しない「食料の安全保障」こそ、実は長年にわたる日本の課題でした。後世にどのような「この国の容《かたち》」を残すのか。ひとえに私たちの選択にかかっているのです。

●手むき味付けピーナッツ

落花生の最大の不安は「史上最強のカビ毒」と言われるアフラトキシンです。肝臓がんを引き起こすカビ毒ですが、ナッツ類では中国産のくるみから検出されています。落花生からもいつか検出されるかもしれません。千葉県産など国産落花生を食べるべきです。

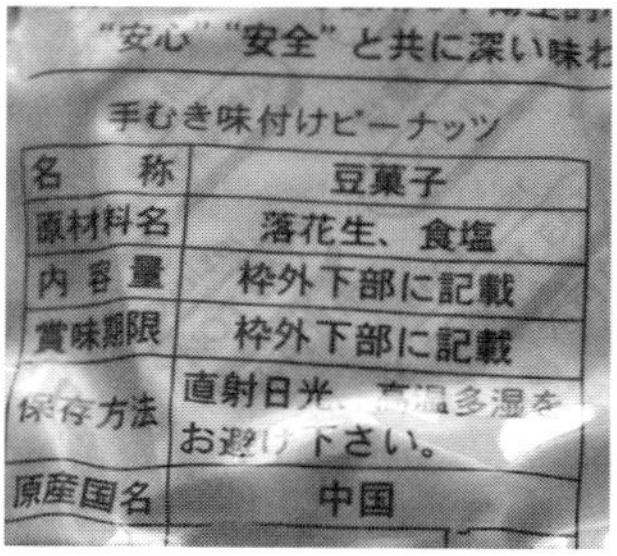

“安心”“安全”と共に深い味わ

手むき味付けピーナッツ

名称	豆菓子
原材料名	落花生、食塩
内容量	枠外下部に記載
賞味期限	枠外下部に記載
保存方法	直射日光、高温多湿をお避け下さい。
原産国名	中国

●山菜

えのき茸以外、わらび・平茸・木くらげ・竹の子は中国産。それにしても危険な添加物のオンパレード。とくに、発がん性のある合成保存料のソルビン酸カリウム、合成着色料の青色１号、黄色４号の使用は大問題です。

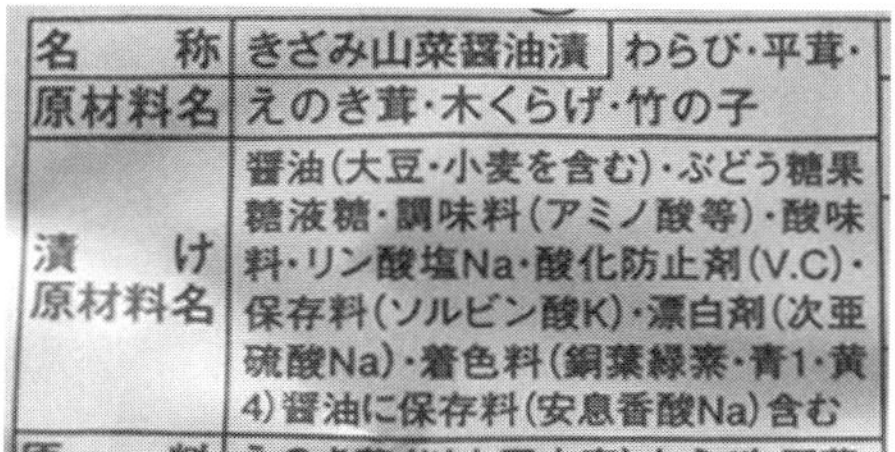

名称	きざみ山菜醤油漬
原材料名	わらび・平茸・えのき茸・木くらげ・竹の子
漬け原材料名	醤油(大豆・小麦を含む)・ぶどう糖果糖液糖・調味料(アミノ酸等)・酸味料・リン酸塩Na・酸化防止剤(V.C)・保存料(ソルビン酸K)・漂白剤(次亜硫酸Na)・着色料(銅葉緑素・青1・黄4)醤油に保存料(安息香酸Na)含む
原料原産地名	えのき茸(以上国内産)わらび・平茸・木くらげ・竹の子(以上中国産)

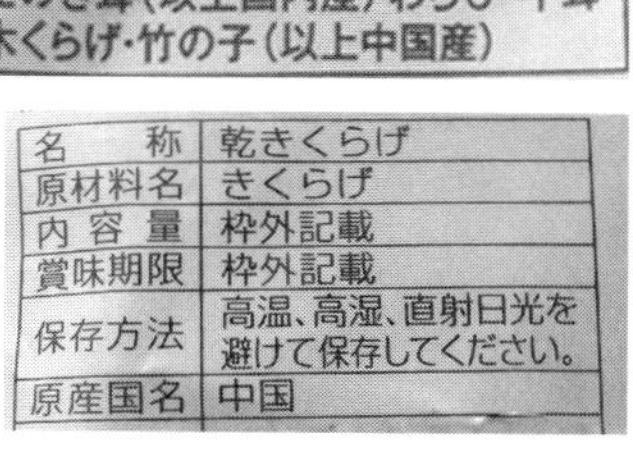

名称	乾きくらげ
原材料名	きくらげ
内容量	枠外記載
賞味期限	枠外記載
保存方法	高温、高湿、直射日光を避けて保存してください。
原産国名	中国

●らっきょう

二酸化硫黄で過剰に漂白した中国産塩漬けらっきょうがたびたび日本でも摘発されています。厚生労働省が水際で輸入チェックしているから安心と思ってはいけません。９０％以上が輸入検疫を擦り抜けているのが実態です。多少高くとも美味しい国産のらっきょうを食べることです。

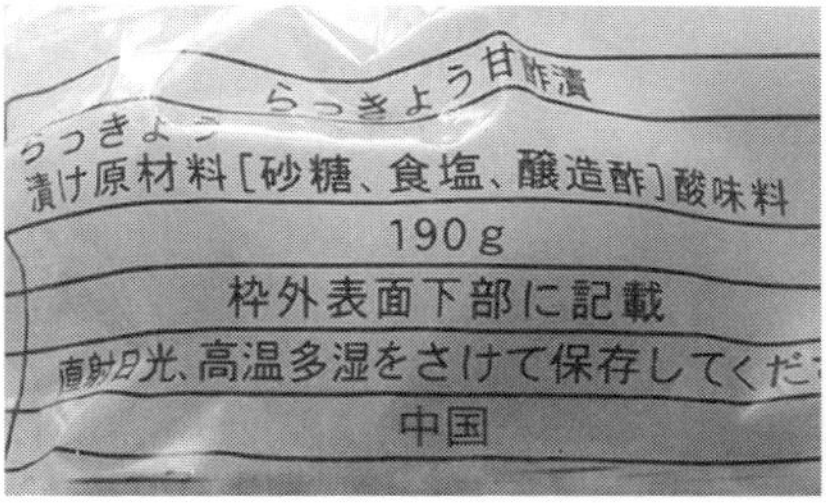

●きゅうり（しょうゆ漬け）

中国産のきゅうりを使用。中国から輸入された漬物原料は１、２年、大きなポリタンクに入れ屋外で保存されるのが通例ですが、それでも腐りません。塩漬けされているのと酸化防止剤を添加しているからです。この製品の場合、発がん性が指摘されているカラメル色素まで入っています。食べるのはやめるべきです。

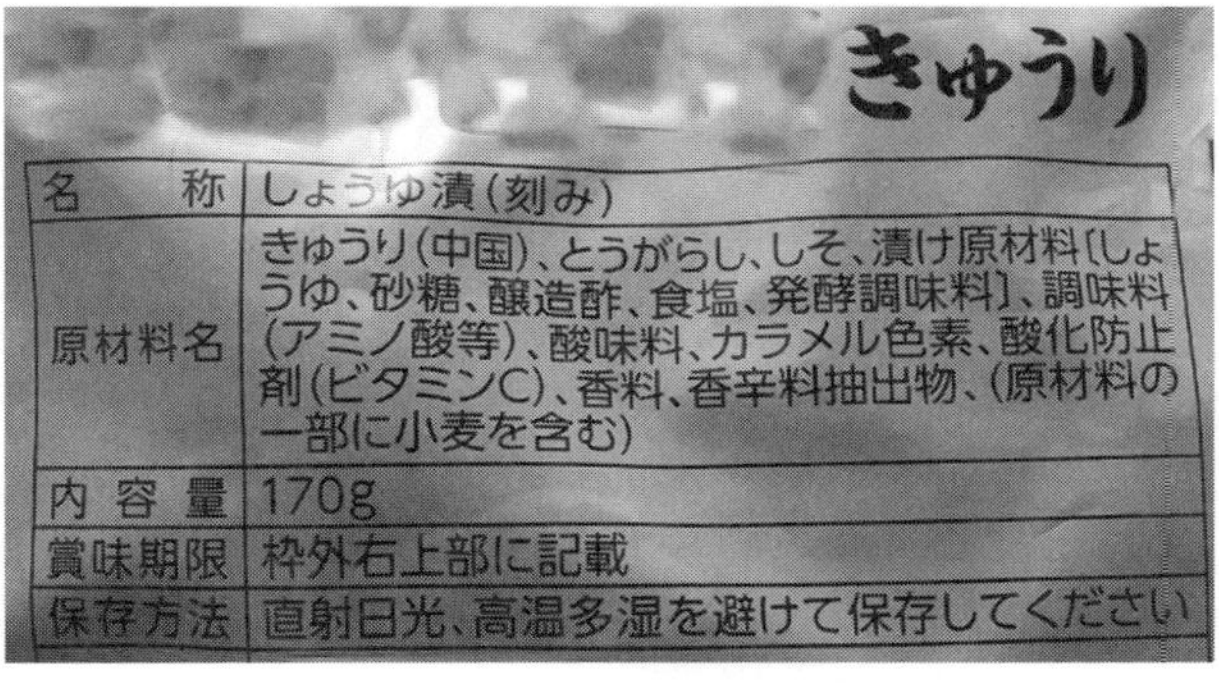

●冷凍合鴨

どんな飼育方法の合鴨かは不明です。居酒屋などで合鴨の串焼きは１本２００円以上はしますが、２０本（６００グラム）８８０円で売られていました。安いのですが、安さの裏には何かあるわけで、保存・結着剤としてポリリン酸塩が添加されています。ポリリン酸塩は腎臓への悪影響が出る添加物です。それでも中国産合鴨を食べますか？

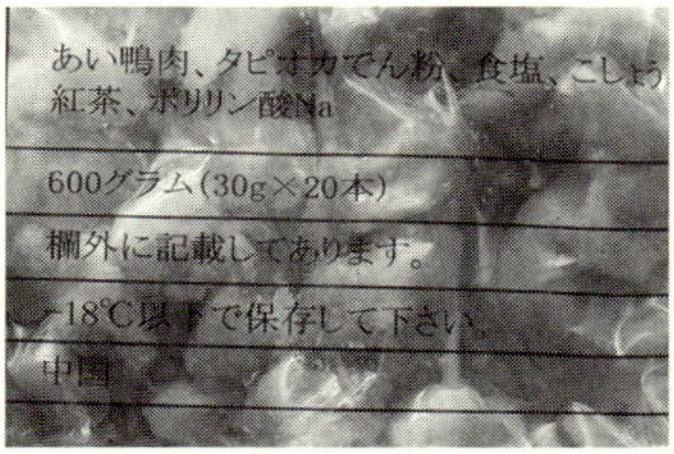

●食品保存用ラップ

ラップを選ぶ際は、塩化ビニル樹脂製は価格が安いけれども、避けることです。発がん物質のアジピン酸ビス（２-エチルヘキシル）が検出されています。製造国表示がないものでも塩化ビニル樹脂製は、中国製と見てほぼ間違いありません。中国では６割近くが塩化ビニル樹脂製ラップとなっています。

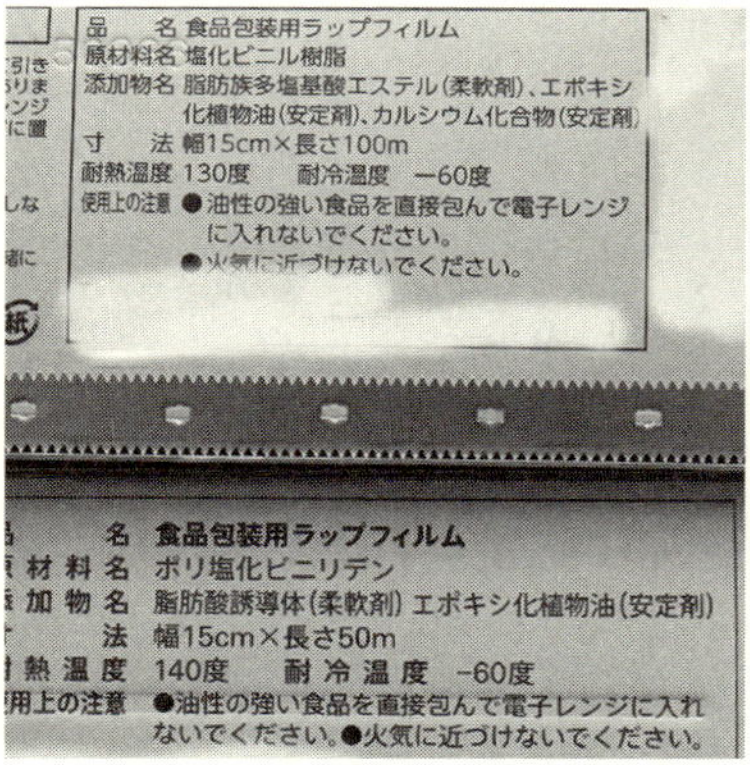

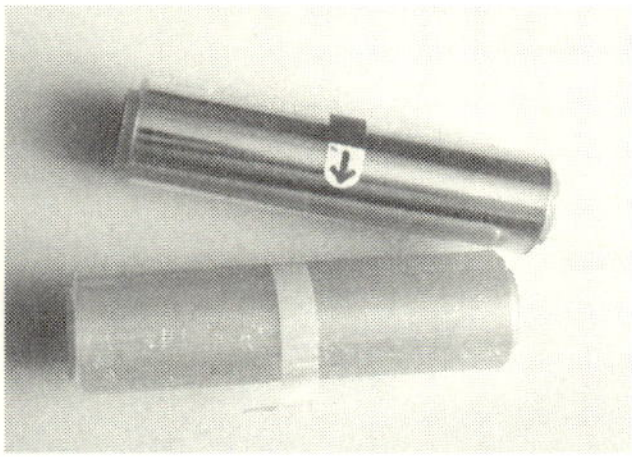

●幼児用パジャマ・靴

２０１６年４月１１日から、発がん物質を発生するアゾ染料の使用が規制されました。国内で販売される中国製子ども用パジャマにアゾ染料が使用されることはなくなったはずです。このパジャマの販売店に聞いても使っていないとのこと。ただ、シールを貼る接着剤にはホルムアルデヒドが使われています。それは靴も同様です。幼児には危険でしょう。

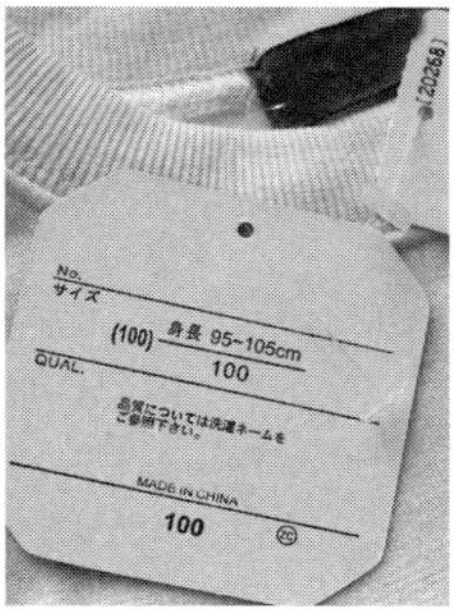

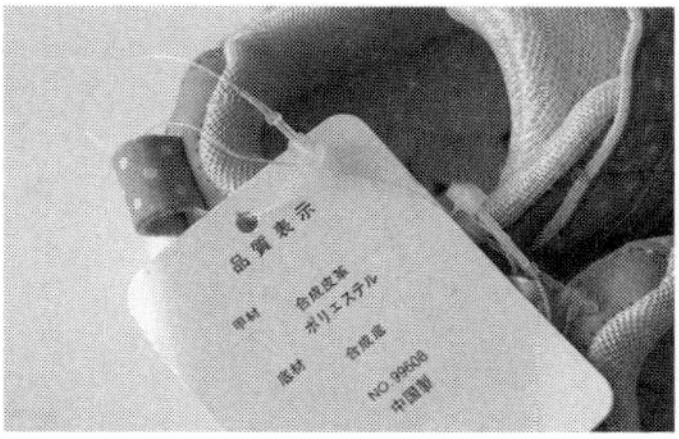

●おもちゃ

シャボン玉液の成分に界面活性剤と防腐剤のフェノキシエタノールを使用していますが、もし子供が誤飲でもしたら大変なことです。こんな危険な玩具が出回っているのは恐怖です。他のおもちゃもプラスチック製品ですので発がん性物質のフタル酸エステル含有の恐れがあります。

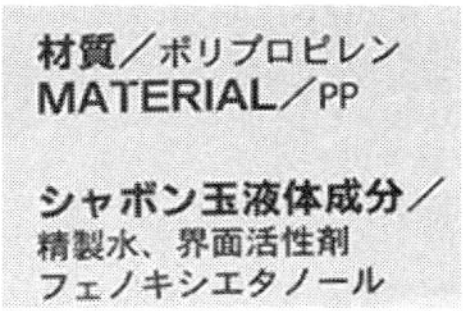

●子ども用化粧品

ファンデーション成分のタルクは、米国で卵巣がんで死亡した女性の家族が「卵巣がんで死亡したのはタルクの危険性をメーカーが警告しなかったため」との裁判が起こり、２０１６年２月にメーカー側に約８６億円の損害賠償を家族に支払えとの判決が出ました。爪メイクのアルミニウムは、赤血球を激減させ、貧血症状を起こす物質です。どちらの製品も使うべきではありません。

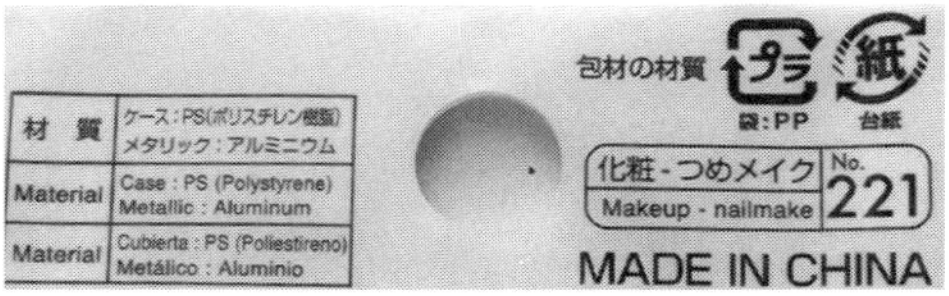

●毛布・座布団

毛布は９９０円、座布団１５０円の安さ。両製品ともポリエステル１００％、座布団の詰め物もポリエステル１００％。毛布・座布団は長時間体に接触します。心配なのは、ポリエステルよって引き起こされる「化学繊維アレルギー」です。ポリエステルやアクリル、ナイロン等の合成繊維が品質表示に記載されている物を肌に付けるとアレルギー反応を起こし、肌や人体に異常が生じてしまいます。価格の安さに飛びつかないことです。

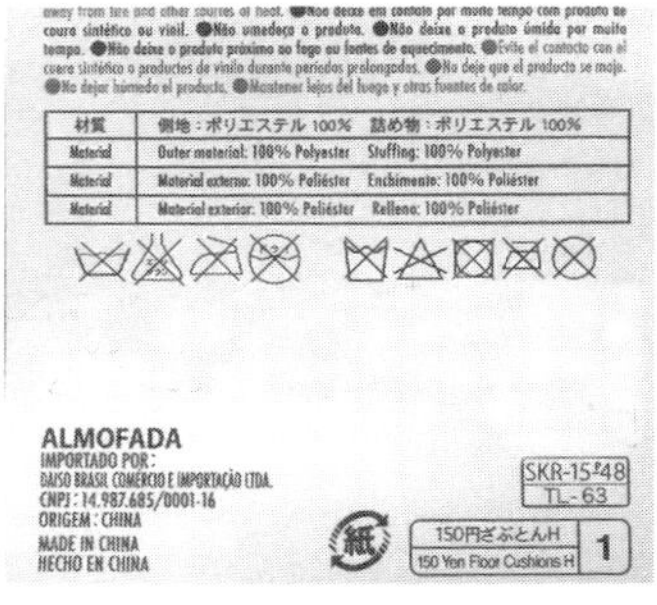

●マット

塩化ビニル樹脂は可塑剤に発がん性のあるフタル酸ブチルベンジル、フタル酸ジラウリルが使われています。食べるものではありませんが、皮膚からの吸収も否定できません。また、塩化ビニル樹脂は室内の空気を汚染しシックハウスの原因にもなりますから、極力、使用しないことです。

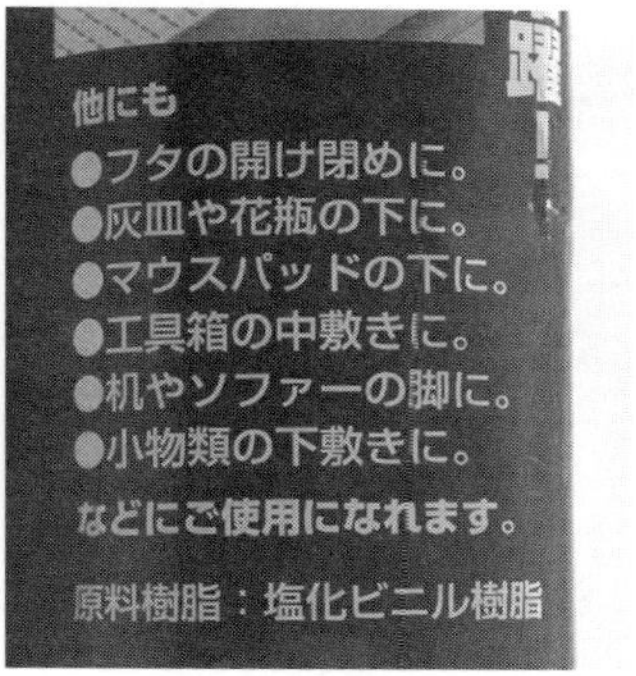

●マスク

１００均ショップで販売されている低価格マスクは、もし使うにしても、１回限りにすることです。ペットボトルなどの容器も同じですが､ポリエチレン（写真のマスク本体は「ポリプロピレン」）製品は繰り返し使用すると、ホルモンに悪影響を及ぼすテレフタル酸が滲み出る可能性があります。

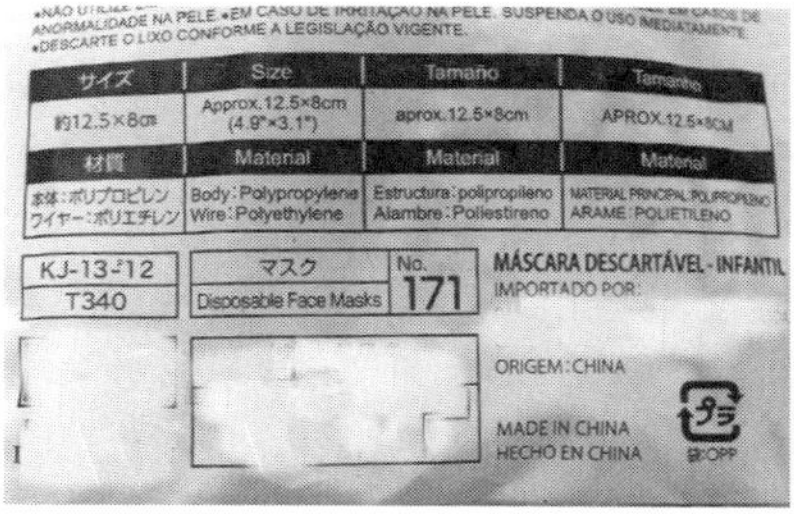

【著者紹介】

郡司　和夫（ぐんじ　かずお）

１９４９年東京都生まれ。出版社編集部長を経て１９８０年より、フリー。食品問題、環境問題を中心に週刊誌、月刊誌での執筆活動を続ける。「危険な食品」「うそつき食品」などの著者で有害食品の追放に命を燃やしたジャーナリスト亡父・郡司篤孝の意志を継ぎ、１９９０年より手作りメディア月刊「食添特報」の発行を続けている。主な著書に、「新築病」（現代書館）、「シックハウス症候群」（東洋経済新報社）、「これを食べてはいけない」（三笠書房）、「子どもにこれを食べさせてはいけない」（三笠書房）、「体をこわす添加物から身を守る本」（三笠書房）、「日本人の命を縮める食」（三笠書房）、「食品のカラクリ」（宝島社）、「カロリーゼロって本当はどういうこと」（三才ブックス）、「調味料の危険度調べました」（三才ブックス）、「生活用品の危険度調べました」（三才ブックス）、「続々怖い食品１０００種」（ナショナル出版）、「赤ちゃんが危ない」（情報センター）他多数。

P.204-209 の写真：尾崎三朗

メイド・イン・PRC の恐怖
あなたと子供を病気にする格安商品

2016 年 1 1 月 2 7 日　初版第 1 刷発行

著　者　郡司和夫

発行者　山口春嶽

発行所　桜の花出版株式会社

〒 194-0021　東京都町田市中町 1-12-16-401

電話 042-785-4442

発売元　株式会社星雲社

〒 112-0005　東京都文京区水道 1-3-30

電話 03-3868-3275

印刷・製本　　モリモト印刷株式会社

ISBN978-4-434-22726-4 C0036

桜の花出版既刊

あなたの家族や友人の半数がガンにかかる時代
必須の名医紹介本！

『国民のための 名医ランキング』

一家に一冊、あると安心！こんな情報が欲しかった！

名医ランク付け“日本初”の試み

命に関わる病気になったら、あなたは誰に命を託しますか？

A5 判並製 336 頁
定価 2300 円＋税

患者からは直接聞きにくい「手術の成功率」「術後生存率」も直接医師に尋ねた、これまでにない患者目線のガイドブック。

医療ミスに遭わないためのアドバイスも、名医から貰いました。

ただの医者紹介の本ではありません。本書の、「名医の選択」「おわりに」を読めば、これまでの人生観がきっと変わるでしょう。病気に振り回されないようになり、納得する治療、そして人生の選択ができるに違いありません。いざという時に慌てないために、手元に 1 冊置いておきたい本です。


本書は、名医を様々な観点から分析しランク付けした日本初の試みです。事前に 6 年間かけておよそ 200 人程の医師の実態調査を患者という立場で行なった後、改めて、各医師へ直接調査して名医を厳選しました。治療の最初に名医にかかるかどうかは決定的です。最初にかかった医師により、治療の 90%が決まるとさえ言われています。しかし、名医や良い病院の情報が氾濫し過ぎているために、結局どこへ行けばいいのか分かりません。その分野で一番の名医のところへ行きたいと思っても、誰が手術がうまく、失敗率が低いのか、といった肝心の情報がどこにもありません。それなら自分たちで調べてみよう、というところから本書の企画は始まりました。本書は、患者としての立場から、自分たちや家族が受診するとしたら、命を預けるとしたら―という観点から名医を分析紹介しています。